청춘일본어
일상
회화

유세미, 하시모토 히로미 지음

어렵지 않아요!

다락원

청춘일본어 **일상회화**

지은이 유세미, 하시모토 히로미
펴낸이 정규도
펴낸곳 (주)다락원

초판 1쇄 인쇄 2024년 1월 26일
초판 1쇄 발행 2024년 2월 6일

책임편집 신선정, 송화록
디자인 장미연, 김희정
일러스트 오경진

다락원 경기도 파주시 문발로 211
내용문의: (02)736-2031 내선 460~466
구입문의: (02)736-2031 내선 250~252
Fax: (02)732-2037
출판등록 1977년 9월 16일 제406-2008-000007호

ISBN 978-89-277-1285-5 13730

http://www.darakwon.co.kr
• 다락원 홈페이지를 방문하시면 상세한 출판 정보와 함께 동영상강좌,
  MP3 자료 등 다양한 어학 정보를 얻으실 수 있습니다.

들어가는 글

이 책 〈청춘 일본어 일상회화〉는 일본인과 간단하게나마 이야기를 주고받고 싶고, 여행가서 조금이라도 일본어로 말해 보고 싶은 분들에게 도움을 드리고자 시작하게 되었습니다.

먼저 이 책의 특징을 몇 가지 말씀드리고자 합니다. 〈청춘 일본어 일상회화〉는 히라가나 및 초급 기초회화 공부를 어느 정도 하신 분들을 대상으로, 일상생활에서 바로 쓸 수 있도록 장면별 회화로 구성했습니다. 가령 산책을 하면서 친구와 대화를 할 때 흔히 쓸 수 있는 날씨 이야기나, 공원에 있는 나무 등에 관해 이야기할 수 있도록 어휘와 문장을 수록했습니다. 도시락 이야기를 한다면 귀여운 캐릭터 도시락 등 일본의 특유한 문화를 접할 수 있도록 꾸몄습니다. 매 과 쉬어가는 페이지에는 '칼럼'을 수록하여, 각 과와 관련된 주제로 최신의 일본 문화를 읽는 재미도 함께할 수 있습니다. 그리고, 공부를 하다가 생각이 안 나거나 모르는 문법이 나오면 찾아서 공부할 수 있도록 관련 문법을 따로 정리하여 공부하기 쉽게 구성했습니다. 또한 현장감을 살리고 일본 고유 문화도 녹아들 수 있도록 원어민 선생님과 어휘 선택부터 전체 구성을 함께 했습니다.

이처럼 〈청춘 일본어 일상회화〉에는 다양한 장면과 어휘, 문법은 물론 여러 가지 정보도 있어 기초 문법을 공부하신 분들이라면 혼자서 재미있게 공부하는 데 도움이 되리라 생각합니다.

모두가 힘들었던 팬데믹 이후 여행이 자유로워지고, 백세 시대를 맞이하여 인생 2막, 3막을 이어가는 시기에 배움에 대한 열기도 점점 더해가는 분위기입니다. 일본어를 배울 때 중장년 학습자들의 강점은 무엇보다도 공부에 대한 열정과 꾸준함이라 생각합니다. 일본인과 직접 말도 해 보고 여행 가서 길 묻기에 성공한다면 무척 보람이 있을 것입니다. 여러분의 열정에 도움을 드리고자 늘 연구하겠습니다. 감사합니다.

2024년 1월 유세미, 하시모토 히로미

이 책의 구성과 특징

첫째 마당 먼저 알아 두기

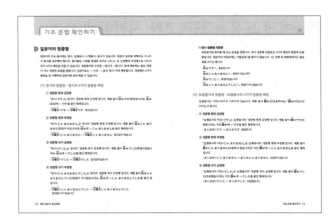

기초 문법 확인하기

일본어 학습에 반드시 필요한 기초 문법을 담았습니다. 학습을 시작하기 전에 미리 살펴보거나, '둘째 마당'을 학습할 때 헷갈리는 내용을 찾아볼 수 있습니다.

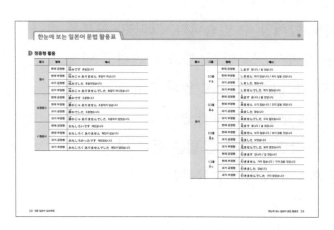

한눈에 보는 일본어 문법 활용표

헷갈릴 수 있는 일본어 정중형과 보통형, た형과 て형의 활용 형태를 한눈에 확인할 수 있습니다.

둘째 마당 표현 미리 보기

둘째 마당에 나오는 일본어 기본 패턴 문장들을 미리 살펴볼 수 있습니다.

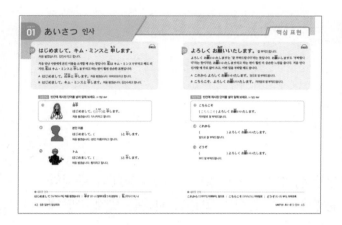

핵심 표현

본문 회화 내용 중에서 각 UNIT의 주제와 관련된 핵심 표현을 골라 실었습니다. 회화 내용을 미리 보면서 핵심 표현을 익힐 수 있습니다.

통문장으로 구성된 '표현 연습'을 통해 핵심 표현을 자신의 것으로 만들어 보세요.

회화

각 UNIT의 주제와 관련된 회화문입니다. 한글 독음이 쓰여 있어, 어렵지 않게 말하기 연습을 해 볼 수 있습니다. 회화문 해석이 옆에 있어 문장의 의미도 바로 확인할 수 있습니다.

문법 더하기

회화문에 나온 문장을 중심으로, 문법을 비롯해 일상회화에 꼭 필요한 표현을 학습합니다. 대화문으로 구성된 다양한 예문을 통해 일본어 표현 능력과 회화 실력을 한층 더 키울 수 있습니다.

연습 문제

연습 문제를 풀며, 각 UNIT에서 배운 핵심 표현을 점검해 보세요. 통문장으로 구성된 문장을 반복적으로 연습하다 보면 일본어 회화 실력이 더욱 탄탄해질 것입니다.

칼럼

학습을 마무리하며 잠깐 쉬어가는 코너입니다. 각 UNIT의 주제와 관련된 문화 칼럼을 실었습니다. 칼럼의 일본어 원문은 셋째 마당에 수록되어 있습니다.

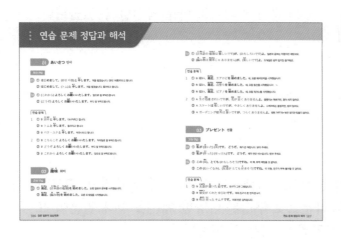

연습 문제 정답과 해석

'표현 연습'과 '연습 문제'의 정답 문장을 확인해 보세요.

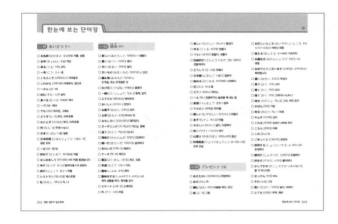

한눈에 보는 단어장

책에 나온 단어를 바로 찾아볼 수 있습니다. 각 UNIT의 단어가 오십음도 순서로 정리되어 있으며, 한글 독음이 쓰여 있습니다. 체크 박스가 있으니 복습에 활용해 보세요.

일본어 칼럼 원문

둘째 마당에 실린 '칼럼'의 일본어 원문을 실었습니다. 원어민 음성으로 녹음된 듣기 파일도 들어 보세요.

일러두기

① 일본어에는 띄어쓰기가 없지만 이 책에서는 학습 편의와 문장 구조의 이해를 위해 띄어쓰기를 적용했습니다.

② 이 책의 한글 독음은 외래어 표기법을 따르지 않고, 가능한 한 실제 일본어 발음에 가깝게 표기했습니다. MP3 파일로 원어민의 정확한 발음을 확인할 수 있습니다.

③ 한글 독음에서 '-'는 일본어의 장음을 뜻하므로, 길게 발음합니다.

차례

들어가는 글 • 03
이 책의 구성과 특징 • 04

첫째 마당 먼저 알아 두기

❋ 기초 문법 확인하기 • 12

❋ 한눈에 보는 일본어 문법 활용표 • 28

❋ 둘째 마당 표현 미리 보기 • 36

둘째 마당 수업하기

UNIT 01 あいさつ 인사 • 42

UNIT 02 趣味 취미 • 50

UNIT 03 プレゼント 선물 • 58

UNIT 04 提案・約束 제안・약속 • 66

UNIT 05 日本の 食べ物 일본의 음식 • 74

UNIT 06 天気 날씨 • 82

UNIT 07 通勤 출퇴근 • 90

UNIT 08 **体調** 몸상태 • 98

UNIT 09 **休暇の 計画** 휴가 계획 • 106

UNIT 10 **ネットショッピング** 인터넷 쇼핑 • 114

UNIT 11 **オンライン講座** 온라인 강좌 • 122

UNIT 12 **価格を 聞く・答える** 가격 묻고 답하기 • 130

UNIT 13 **散歩** 산책 • 138

UNIT 14 **旅行計画** 여행 계획 • 146

UNIT 15 **お弁当** 도시락 • 154

UNIT 16 **空港** 공항 • 162

UNIT 17 **ホテルの 予約** 호텔 예약 • 170

UNIT 18 **道案内** 길 안내 • 178

✿ 연습 문제 정답과 해석 • 186

셋째 마당   더 알아보기

✿ 한눈에 보는 단어장 • 202

✿ 일본어 칼럼 원문 • 215

첫째 마당

먼저
알아 두기

❋ **기초 문법 확인하기**

   1. 일본어의 정중형
   2. 일본어의 보통형
   3. 동사의 て형

❋ **한눈에 보는 일본어 문법 활용표**

❋ **둘째 마당 표현 미리 보기**

① 일본어의 정중형

일본어의 주요 품사에는 명사, な형용사, い형용사, 동사가 있습니다. 일본어 공부를 위해서는 이 4가지 품사를 공부해야 합니다. 품사별로 시제를 현재와 과거로 나누고, 또 긍정형과 부정형으로 나누어 각각 4가지 패턴을 만들 수 있습니다. 정중형이란 우리말 '~입니다, ~합니다' 등에 해당하는 말로, 반말이 아닌 정중한 표현을 말합니다. 일본어로는 ～です, ～ます 등이 이에 해당합니다. 정중형의 4가지 패턴을 잘 이해하면 일본어를 쉽게 배울 수 있습니다.

(1) 명사의 정중형 – 명사의 4가지 정중형 패턴

① 정중형 현재 긍정형

「명사+です」는 명사의 '정중형 현재 긍정형'입니다. 예를 들어 休みです(휴일입니다)는 休み(휴일)에 ～です를 붙인 형태입니다.

- 日曜日+です → 日曜日です 일요일입니다

② 정중형 현재 부정형

「명사+じゃ ありません」은 명사의 '정중형 현재 부정형'입니다. 예를 들어 休みじゃ ありません(휴일이 아닙니다)은 休み에 ～じゃ ありません을 붙인 형태입니다.

- 日曜日+じゃ ありません → 日曜日じゃ ありません 일요일이 아닙니다

③ 정중형 과거 긍정형

「명사+でした」는 명사의 '정중형 과거 긍정형'입니다. 예를 들어 休みでした(휴일이었습니다)는 休み에 ～でした를 붙인 형태입니다.

- 日曜日+でした → 日曜日でした 일요일이었습니다

④ 정중형 과거 부정형

「명사+じゃ ありませんでした」는 명사의 '정중형 과거 부정형'입니다. 예를 들어 休みじゃ ありませんでした(휴일이 아니었습니다)는 休み에 ～じゃ ありませんでした를 붙인 말입니다.

- 日曜日+じゃ ありませんでした → 日曜日じゃ ありませんでした
  일요일이 아니었습니다

⊕ 명사 정중형 의문문

의문문이란 물어볼 때 쓰는 문장을 뜻합니다. 명사 정중형 의문문은 4가지 패턴의 말끝에 か를
붙입니다. 일본어의 의문문에는 '?(물음표)'를 붙이지 않습니다. 단, 만화 등 회화체에서는 물음
표를 쓰기도 합니다.

• 休みですか。휴일입니까?

休みじゃ ありませんか。휴일이 아닙니까?

休みでしたか。휴일이었습니까?

休みじゃ ありませんでしたか。휴일이 아니었습니까?

(2) な형용사의 정중형 - な형용사의 4가지 정중형 패턴

な형용사는 '어간+어미'로 이루어져 있습니다. 예를 들어 静かだ(조용하다)는 「静か(어간)+だ
(어미)」가 됩니다.

① 정중형 현재 긍정형

「な형용사의 어간+です」는 な형용사의 '정중형 현재 긍정형'입니다. 예를 들어 静かです(조
용합니다)는 어간 静か에 ～です를 붙인 형태입니다.

• まじめだ+です → まじめです 성실합니다

② 정중형 현재 부정형

「な형용사의 어간+じゃ ありません」은 な형용사의 '정중형 현재 부정형'입니다. 예를 들어
静かじゃ ありません(조용하지 않습니다)은 어간 静か에 ～じゃ ありません을 붙인 형태
입니다.

• まじめだ+じゃ ありません → まじめじゃ ありません 성실하지 않습니다

③ 정중형 과거 긍정형

「な형용사의 어간+でした」는 な형용사의 '정중형 과거 긍정형'입니다. 예를 들어 静かでし
た(조용했습니다)는 어간 静か에 ～でした를 붙인 형태입니다.

• まじめだ+でした → まじめでした 성실했습니다

④ 정중형 과거 부정형

「な형용사의 어간+じゃ ありませんでした」는 な형용사의 '정중형 과거 부정형'입니다. 예를 들어 静かじゃ ありませんでした(조용하지 않았습니다)는 어간 静かに ~じゃ ありませんでした를 붙인 형태입니다.

- まじめだ+じゃ ありませんでした
- → まじめじゃ ありませんでした 성실하지 않았습니다

⊕ な형용사 정중형 의문문

な형용사의 정중형 의문문은 4가지 패턴의 말끝에 か를 붙입니다.

- 静かですか。 조용합니까?

  静かじゃ ありませんか。 조용하지 않습니까?

  静かでしたか。 조용했습니까?

  静かじゃ ありませんでしたか。 조용하지 않았습니까?

(3) い형용사의 정중형 – い형용사의 4가지 정중형 패턴

い형용사는 '어간+어미'로 이루어져 있습니다. 예를 들어 おもしろい(재밌다)는 「おもしろ(어간)+い(어미)」가 됩니다.

① 정중형 현재 긍정형

「い형용사의 기본형+です」는 い형용사의 '정중형 현재 긍정형'입니다. 예를 들어 おもしろいです(재밌습니다)는 おもしろい라는 い형용사의 기본형에 ~です를 붙인 형태입니다.

- おいしい+です → おいしいです 맛있습니다

② 정중형 현재 부정형

「い형용사의 어간+く ありません」은 い형용사의 '정중형 현재 부정형'입니다. 예를 들어 おもしろく ありません(재밌지 않습니다)은 어간 おもしろ에 ~く ありません을 붙인 형태입니다.

- おいしい+く ありません → おいしく ありません 맛있지 않습니다

③ 정중형 과거 긍정형

「い형용사의 어간+かったです」는 い형용사의 '정중형 과거 긍정형'입니다. 예를 들어 おも

しろかったです(재밌었습니다)는 어간 おもしろ에 ～かったです를 붙인 형태입니다.

- おいしい+かったです → おいしかったです 맛있었습니다

④ 정중형 과거 부정형

「い형용사의 어간+く ありませんでした」는 い형용사의 '정중형 과거 부정형'입니다. 예를 들어 おもしろく ありませんでした(재밌지 않았습니다)는 어간 おもしろ에 ～く ありませんでした를 붙인 형태입니다.

- おいしい+く ありませんでした → おいしく ありませんでした 맛있지 않았습니다

> ✧ 'いい(좋다)'의 경우 활용 규칙이 다르니 따로 정리해야 합니다.
>
> | 좋습니다. | いいです。 |
> | 좋지 않습니다. | よく ありません。 |
> | 좋았습니다. | よかったです。 |
> | 좋지 않았습니다. | よく ありませんでした。 |

➕ い형용사 정중형 의문문

い형용사의 정중형 의문문은 4가지 패턴의 말끝에 か를 붙입니다.

- おもしろいですか。재밌습니까?

  おもしろく ありませんか。재밌지 않습니까?

  おもしろかったですか。재밌었습니까?

  おもしろく ありませんでしたか。재밌지 않았습니까?

(4) 동사의 정중형

동사는 '어간+어미'로 이루어져 있습니다. 예를 들어 食べる(먹다)는 「食べ(어간)+る(어미)」입니다. 동사의 정중형은 어미를 활용하여 ～ます를 붙여 만드는데 그룹별로 활용 규칙이 다릅니다. 명사 및 형용사와는 달리 동사의 정중형은 현재형이 미래 시제 및 의지의 의미도 나타냅니다.

현재 긍정형	현재 부정형	과거 긍정형	과거 부정형
～ます ~합니다 / ~할 것입니다	～ません ~하지 않습니다 / ~하지 않을 것입니다	～ました ~했습니다	～ませんでした ~하지 않았습니다

1) 3그룹 동사

'3그룹 동사'는 불규칙 동사 그룹으로 する(하다)와 来る(오다) 두 개가 있습니다. 불규칙하게 활용하기 때문에 정중형 활용도 암기합니다.

① 정중형 현재 긍정형

する → します 합니다 / 할 것입니다

来る → 来ます 옵니다 / 올 것입니다

② 정중형 현재 부정형

する → しません 하지 않습니다 / 하지 않을 것입니다

来る → 来ません 오지 않습니다 / 오지 않을 것입니다

③ 정중형 과거 긍정형

する → しました 했습니다

来る → 来ました 왔습니다

④ 정중형 과거 부정형

する → しませんでした 하지 않았습니다

来る → 来ませんでした 오지 않았습니다

する는 특정 명사에 붙어 '~하다'로 많이 쓰입니다. 예를 들어 '散歩(산책), 旅行(여행)' 등의 명사에 する를 붙여 '散歩する(산책하다), 旅行する(여행하다)'처럼 활용할 수 있습니다.

• 勉強＋する → 勉強する 공부하다

2) 2그룹 동사

食べる(먹다)처럼 어미 る 앞의 발음이 'e(え단)'이거나 見る(보다)처럼 어미 る 앞의 발음이 'i(い단)'인 경우를 '2그룹 동사'라 합니다. 2그룹 동사는 어미 る를 빼고 ～ます를 붙여 정중형을 만듭니다.

① 정중형 현재 긍정형

食べる → 食べます 먹습니다 / 먹을 것입니다

見る → 見ます 봅니다 / 볼 것입니다

② 정중형 현재 부정형

食べる → 食べません 먹지 않습니다 / 먹지 않을 것입니다

見る → 見ません 보지 않습니다 / 보지 않을 것입니다

③ 정중형 과거 긍정형

食べる → 食べました 먹었습니다

見る → 見ました 봤습니다

④ 정중형 과거 부정형

食べる → 食べませんでした 먹지 않았습니다

見る → 見ませんでした 보지 않았습니다

3) 1그룹 동사

飲む(마시다), 話す(이야기하다)처럼 어미가 う 발음이 나는 것을 '1그룹 동사'라고 합니다. 어미가 る인 경우 앞의 발음이 'e(え단)'나 'i(い단)'가 아닌 경우 1그룹에 속합니다.

예를 들어 乗る(타다)는 어미 る 앞의 발음이 'o(お단)'이므로 2그룹이 아닌 1그룹이 됩니다. 1그룹 동사를 정중형으로 만들 때는 어미를 'i 발음(い단)'으로 바꾸고 ～ます를 붙입니다.

① 정중형 현재 긍정형

飲む → 飲みます 마십니다 / 마실 것입니다

② 정중형 현재 부정형

飲む → 飲みません 마시지 않습니다 / 마시지 않을 것입니다

③ 정중형 과거 긍정형

飲む → 飲みました 마셨습니다

④ 정중형 과거 부정형

飲む → 飲みませんでした 마시지 않았습니다

> ✦ 예외 1그룹 동사
> 帰る(돌아가다, 돌아오다), 入る(들어가다, 들어오다), 知る(알다) 등의 동사는 2그룹의 형태입니다. 하지만, 어미 활용은 1그룹 활용 규칙을 따릅니다. 이처럼 형태는 2그룹이지만, 1그룹 활용 규칙을 따르는 동사를 '예외 1그룹 동사'라고 합니다.
>
> 帰る → 帰ります 돌아갑니다 / 돌아갈 것입니다
>
> 入る → 入ります 들어갑니다 / 들어갈 것입니다

➕ 동사 정중형 의문문

동사의 정중형 의문문은 4가지 패턴의 말끝에 か를 붙입니다.

• 食べますか。먹을 겁니까?

食べませんか。먹지 않을 겁니까?

食べましたか。먹었습니까?

食べませんでしたか。먹지 않았습니까?

2 일본어의 보통형

신문, 논문, 수필, 에세이 등 일반적인 글을 쓸 때의 문장체를 '보통형'이라고 합니다. 반말 회화(오늘 한가해?, 맛있어?, 내일 안 와? 등)를 할 때도 보통형을 사용합니다. 또한 보통형은 문법적으로 다른 말과 결합하여 패턴을 이루기 때문에 품사별로 잘 정리해 두면 매우 유용하게 쓸 수 있습니다.

(1) 명사의 보통형 – 명사의 4가지 보통형 패턴

① 보통형 현재 긍정형

「명사+だ」는 명사의 '보통형 현재 긍정형'입니다. 예를 들어 休みだ(휴일이다)는 休み(휴일)에 ~だ를 붙인 형태입니다. 단, 반말 회화체로 쓰일 때는 休み(휴일이야)처럼 だ를 붙이지 않고 말합니다.

• 学生+だ → 学生だ 학생이다 / 学生 학생이야

② 보통형 현재 부정형

「명사+じゃ ない」는 명사의 '보통형 현재 부정형'입니다. 예를 들어 休みじゃ ない는 休み에 〜じゃ ない를 붙인 형태로 '휴일이 아니다'라는 문장체이자, 반말 회화체로 '휴일이 아니야'라는 뜻이 됩니다.

- 学生+じゃ ない → 学生じゃ ない 학생이 아니다 / 학생이 아니야

③ 보통형 과거 긍정형

「명사+だった」는 명사의 '보통형 과거 긍정형'입니다. 예를 들어 休みだった는 休み에 〜だった를 붙인 형태로 '휴일이었다'라는 문장체이자, 반말 회화체로 '휴일이었어'라는 뜻이 됩니다.

- 学生+だった → 学生だった 학생이었다 / 학생이었어

④ 보통형 과거 부정형

「명사+じゃ なかった」는 명사의 '보통형 과거 부정형'입니다. 예를 들어 休みじゃ なかった는 休み에 〜じゃ なかった를 붙인 형태로 '휴일이 아니었다'라는 문장체이자, 반말 회화체로 '휴일이 아니었어'라는 뜻이 됩니다.

- 学生+じゃ なかった → 学生じゃ なかった 학생이 아니었다 / 학생이 아니었어

✚ 명사 보통형 의문문

명사 보통형의 의문문은 정중형처럼 か를 붙이지 않고 물어보듯 말끝을 올려 말합니다. 현재 긍정형의 경우에는 だ를 붙이지 않습니다.

- 今日は 休み(↗) 오늘은 휴일이야?

  今日は 休みじゃ ない(↗) 오늘은 휴일 아냐?

  昨日は 休みだった(↗) 어제는 휴일이었어?

  昨日は 休みじゃ なかった(↗) 어제는 휴일이 아니었어?

(2) な형용사의 보통형 - な형용사의 4가지 보통형 패턴

① 보통형 현재 긍정형

「な형용사의 어간+だ」는 な형용사의 기본형이자 '보통형 현재 긍정형'입니다. 예를 들어 静

かだ(조용하다)는 어간 静か에 ～だ라는 어미를 붙인 형태입니다. 반말 회화체로 쓰일 때는 静か(조용해)처럼 어미 だ를 빼고 말합니다.

- ひまだ 한가하다 / ひまだ → ひま 한가해

② 보통형 현재 부정형

「な형용사의 어간+じゃ ない」는 な형용사의 '보통형 현재 부정형'입니다. 예를 들어 静じゃ ない는 어간 静か에 ～じゃ ない를 붙인 형태로 '조용하지 않다'라는 문장체이자, 반말 회화체로 '조용하지 않아'라는 뜻이 됩니다.

- ひまだ+じゃ ない → ひまじゃ ない 한가하지 않다 / 한가하지 않아

③ 보통형 과거 긍정형

「な형용사의 어간+だった」는 な형용사의 '보통형 과거 긍정형'입니다. 예를 들어 静かだった는 어간 静か에 ～だった를 붙인 형태로 '조용했다'라는 문장체이자, 반말 회화체로 '조용했어'라는 뜻이 됩니다.

- ひまだ+だった → ひまだった 한가했다 / 한가했어

④ 보통형 과거 부정형

「な형용사의 어간+じゃ なかった」는 な형용사의 '보통형 과거 부정형'입니다. 예를 들어 静かじゃ なかった는 어간 静か에 ～じゃ なかった를 붙인 형태로 '조용하지 않았다'라는 문장체이자, 반말 회화체로 '조용하지 않았어'라는 뜻이 됩니다.

- ひまだ+じゃ なかった → ひまじゃ なかった 한가하지 않았다 / 한가하지 않았어

➕ な형용사 보통형 의문문

な형용사 보통형의 의문문은 정중형처럼 か를 붙이지 않고 물어보듯 말끝을 올려 말합니다. 현재 긍정형의 경우에는 어미 だ를 생략합니다.

- 教室は 静か(↗) 도서관은 조용해?
  教室は 静かじゃ ない(↗) 도서관은 조용하지 않아?
  教室は 静かだった(↗) 도서관은 조용했어?
  教室は 静かじゃ なかった(↗) 도서관은 조용하지 않았어?

(3) い형용사의 보통형 - い형용사의 4가지 보통형 패턴

① 보통형 현재 긍정형

「い형용사의 어간+い」는 い형용사의 기본형이자 '보통형 현재 긍정형'입니다. 예를 들어 おもしろい(재밌다)는 おもしろ라는 い형용사 어간에 ~い라는 어미를 붙인 형태로 '재밌다'라는 문장체이자, 반말 회화체로 '재밌어'라는 뜻이 됩니다.

• おいしい 맛있다 / 맛있어

② 보통형 현재 부정형

「い형용사의 어간+く ない」는 い형용사의 '보통형 현재 부정형'입니다. 예를 들어 おもしろく ない는 어간 おもしろ에 ~く ない를 붙인 형태로 '재밌지 않다'라는 문장체이자, 반말 회화체로 '재밌지 않아(재미없어)'라는 뜻이 됩니다.

• おいしい+く ない → おいしく ない 맛있지 않다 / 맛있지 않아

③ 보통형 과거 긍정형

「い형용사의 어간+かった」는 い형용사의 '보통형 과거 긍정형'입니다. 예를 들어 おもしろかった는 어간 おもしろ에 ~かった를 붙인 형태로 '재밌었다'라는 문장체이자, 반말 회화체로 '재밌었어'라는 뜻이 됩니다.

• おいしい+かった → おいしかった 맛있었다 / 맛있었어

④ 보통형 과거 부정형

「い형용사+く なかった」는 い형용사의 '보통형 과거 부정형'입니다. 예를 들어 おもしろく なかった는 어간 おもしろ에 ~く なかった를 붙인 형태로 '재밌지 않았다'라는 문장체이자, 반말 회화체로 '재밌지 않았어(재미없었어)'라는 뜻이 됩니다.

• おいしい+く なかった → おいしく なかった 맛있지 않았다 / 맛있지 않았어

➕ い형용사 보통형 의문문

い형용사 보통형의 의문문은 정중형처럼 か를 붙이지 않고 물어보듯 말끝을 올려 말합니다.

• その 映画 おもしろい(↗) 그 영화 재밌어?

その 映画 おもしろく ない(↗) 그 영화 재밌지 않아?

その 映画 おもしろかった(↗) 그 영화 재밌었어?

その 映画 おもしろく なかった(↗) 그 영화 재밌지 않았어?

(4) 동사의 보통형

정중형에서 설명한 바와 같이, 동사는 '어간+어미'로 이루어져 있습니다. 食べる(먹다)는 「食べ(어간)+る(어미)」가 됩니다. 동사의 보통형은 어미를 활용하여 ～ない(~하지 않는다), ～た(~했다), ～なかった(~하지 않았다) 등을 붙여 만드는데 그룹별로 활용 규칙이 다릅니다.

> ① 보통형 현재 긍정형
>
> 동사의 기본형이 곧 보통형 현재 긍정형입니다. 명사 및 형용사와 달리 동사는 현재형이 미래 시제 및 의지의 의미도 나타냅니다.
>
> ② 보통형 현재 부정형
>
> 동사에 ～ない가 붙은 말을 보통형 현재 부정형이라고 하고, ～ない가 붙을 때 바뀌는 동사의 형태를 ない형이라고 합니다. 예를 들어 話す(말하다)의 보통형 현재 부정형은 話さない이고, ない 앞의 話さ가 ない형입니다.
>
> ③ 보통형 과거 긍정형
>
> 동사에 ～た가 붙은 말을 보통형 과거 긍정형이라고 하고, ～た가 붙을 때 바뀌는 동사의 형태를 た형이라고 합니다. 예를 들어 話す의 보통형 과거 긍정형은 話した이고, た 앞의 話し가 た형입니다.
>
> ④ 보통형 과거 부정형
>
> 동사의 보통형 과거 부정형이란 어미를 활용하여 ～なかった를 붙인 형태를 말합니다.

1) 3그룹 동사

① 보통형 현재 긍정형

불규칙 동사 그룹인 する(하다)와 来る(오다)의 기본형이 보통형 현재 긍정형입니다.

する 하다, 할 것이다 / 할 거야

来る 오다, 올 것이다 / 올 거야

② 보통형 현재 부정형

불규칙 활용이므로 그대로 암기합니다.

する → しない 하지 않는다, 하지 않겠다 / 하지 않을 거야

来る → 来ない 오지 않는다, 오지 않겠다 / 오지 않을 거야

③ 보통형 과거 긍정형

불규칙 활용이므로 그대로 암기합니다.

する → した 했다 / 했어

来る → 来た 왔다 / 왔어

④ 보통형 과거 부정형

불규칙 활용이므로 그대로 암기합니다.

する → しなかった 하지 않았다 / 하지 않았어

来る → 来なかった 오지 않았다 / 오지 않았어

2) 2그룹 동사

① 보통형 현재 긍정형

2그룹 동사의 기본형이 보통형 현재 긍정형입니다.

食べる 먹다, 먹을 것이다 / 먹을 거야

見る 보다, 볼 것이다 / 볼 거야

② 보통형 현재 부정형

어미 る를 빼고 ～ない를 붙입니다.

食べる → 食べない 먹지 않는다, 먹지 않겠다 / 먹지 않을 거야

見る → 見ない 보지 않는다, 보지 않겠다 / 보지 않을 거야

③ 보통형 과거 긍정형

어미 る를 빼고 ～た를 붙입니다.

食べる → 食べた 먹었다 / 먹었어

見る → 見た 봤다 / 봤어

④ 보통형 과거 부정형

어미 る를 빼고 ～なかった를 붙입니다.

食べる → 食べなかった 먹지 않았다 / 먹지 않았어

見る → 見なかった 보지 않았다 / 보지 않았어

3) 1그룹 동사

① 보통형 현재 긍정형

1그룹 동사의 기본형이 보통형 현재 긍정형입니다.

飲む 마시다, 마실 것이다 / 마실 거야

聞く 듣다, 들을 것이다 / 들을 거야

② 보통형 현재 부정형

어미 う단을 あ단으로 고치고 〜ない를 붙입니다. 단, 어미가 う인 동사는 あ가 아닌 わ로 고치고 〜ない를 붙입니다.

飲む → 飲まない 마시지 않는다, 마시지 않겠다 / 마시지 않을 거야

聞く → 聞かない 듣지 않는다, 듣지 않겠다 / 듣지 않을 거야

会う → 会わない 만나지 않는다, 만나지 않겠다 / 만나지 않을 거야

③ 보통형 과거 긍정형

1그룹 동사의 과거 긍정형(た형)은 어미별로 만드는 공식이 있습니다.

① 어미가 う·つ·る인 경우 어미를 없애고 った를 붙입니다.

買う → 買った 샀다 / 샀어

待つ → 待った 기다렸다 / 기다렸어

乗る → 乗った 탔다 / 탔어

② 어미가 ぬ·む·ぶ인 경우 어미를 없애고 んだ를 붙입니다.

死ぬ → 死んだ 죽었다 / 죽었어

飲む → 飲んだ 마셨다 / 마셨어

遊ぶ → 遊んだ 놀았다 / 놀았어

③ 어미가 く인 경우 어미를 없애고 いた를 붙입니다.

  書く → 書いた 썼다 / 썼어

④ 어미가 ぐ인 경우 어미를 없애고 いだ를 붙입니다.

  泳ぐ → 泳いだ 수영했다 / 수영했어

⑤ 어미가 す인 경우 어미를 없애고 した를 붙입니다.

  話す → 話した 이야기했다 / 이야기했어

⑥ 行く는 예외적으로 行った라고 합니다.

  行く → 行った 갔다 / 갔어

④ 보통형 과거 부정형

う단 어미를 あ단으로 고치고 ～なかった를 붙입니다. 단, 어미가 う인 동사는 あ가 아닌 わ로 고치고 ～なかった를 붙입니다.

飲む → 飲まなかった 마시지 않았다 / 마시지 않았어

聞く → 聞かなかった 듣지 않았다 / 듣지 않았어

会う → 会わなかった 만나지 않았다 / 만나지 않았어

➕ **동사 보통형 의문문**

동사 보통형 의문문은 정중형처럼 か를 붙이지 않고 물어보듯 말끝을 올려 말합니다.

• 行く(↗) 갈 거야?

  行かない(↗) 가지 않을 거야?

  行った(↗) 갔어?

  行かなかった(↗) 가지 않았어?

3 동사의 て형

동사에 ～て가 붙을 때 바뀌는 동사의 형태를 て형이라 합니다. 예를 들어, 話す에 て가 붙은 형태는 話して이고, て 앞의 話し가 て형입니다. て형은 '먹고, 마시고' 등 동작을 연결, 열거하는 뜻과, '먹어서, 마셔서' 등 이유나 원인을 나타내는 두 가지 뜻이 있습니다. 그룹별 て형을 알아봅시다.

1) 3그룹 동사

불규칙 활용이므로 그대로 암기합니다.

する → して 하고, 해서

来る → 来て 오고, 와서

2) 2그룹 동사

어미 る를 빼고 ～て를 붙입니다.

食べる → 食べて 먹고, 먹어서

見る → 見て 보고, 봐서

3) 1그룹 동사

1그룹 동사의 て형은 어미별로 만드는 공식이 있습니다.

① 어미가 う·つ·る인 경우 어미를 없애고 って를 붙입니다.

買う → 買って 사고, 사서

待つ → 待って 기다리고, 기다려서

乗る → 乗って 타고, 타서

② 어미가 ぬ·む·ぶ인 경우 어미를 없애고 んで를 붙입니다.

死ぬ → 死んで 죽고, 죽어서

飲む → 飲んで 마시고, 마셔서

遊ぶ → 遊んで 놀고, 놀아서

③ 어미가 く인 경우 어미를 없애고 いて를 붙입니다.

書く → 書いて 쓰고, 써서

④ 어미가 ぐ인 경우 어미를 없애고 いで를 붙입니다.

泳ぐ → 泳いで 수영하고, 수영해서

⑤ 어미가 す인 경우 어미를 없애고 して를 붙입니다.

話す → 話して 이야기하고, 이야기해서

⑥ 行く는 예외적으로 行って라고 합니다.

行く → 行って 가고, 가서

✦ 예외 1그룹 동사는 1그룹 활용 규칙을 따릅니다.

帰る → 帰って 돌아가고, 돌아가서

入る → 入って 들어가고, 들어가서

한눈에 보는 일본어 문법 활용표

1 정중형 활용

품사	형태	예시
명사	현재 긍정형	休<ruby>やす</ruby>みです 휴일입니다
	현재 부정형	休<ruby>やす</ruby>みじゃ ありません 휴일이 아닙니다
	과거 긍정형	休<ruby>やす</ruby>みでした 휴일이었습니다
	과거 부정형	休<ruby>やす</ruby>みじゃ ありませんでした 휴일이 아니었습니다
な형용사	현재 긍정형	静<ruby>しず</ruby>かです 조용합니다
	현재 부정형	静<ruby>しず</ruby>かじゃ ありません 조용하지 않습니다
	과거 긍정형	静<ruby>しず</ruby>かでした 조용했습니다
	과거 부정형	静<ruby>しず</ruby>かじゃ ありませんでした 조용하지 않았습니다
い형용사	현재 긍정형	おもしろいです 재밌습니다
	현재 부정형	おもしろく ありません 재밌지 않습니다
	과거 긍정형	おもしろかったです 재밌었습니다
	과거 부정형	おもしろく ありませんでした 재밌지 않았습니다

품사	그룹	형태	예시
동사	3그룹 する	현재 긍정형	します 합니다 / 할 것입니다
		현재 부정형	しません 하지 않습니다 / 하지 않을 것입니다
		과거 긍정형	しました 했습니다
		과거 부정형	しませんでした 하지 않았습니다
	3그룹 来る	현재 긍정형	来ます 옵니다 / 올 것입니다
		현재 부정형	来ません 오지 않습니다 / 오지 않을 것입니다
		과거 긍정형	来ました 왔습니다
		과거 부정형	来ませんでした 오지 않았습니다
	2그룹 見る	현재 긍정형	見ます 봅니다 / 볼 것입니다
		현재 부정형	見ません 보지 않습니다 / 보지 않을 것입니다
		과거 긍정형	見ました 보았습니다
		과거 부정형	見ませんでした 보지 않았습니다
	1그룹 行く	현재 긍정형	行きます 갑니다 / 갈 것입니다
		현재 부정형	行きません 가지 않습니다 / 가지 않을 것입니다
		과거 긍정형	行きました 갔습니다
		과거 부정형	行きませんでした 가지 않았습니다

2 보통형 활용

품사	형태	예시
명사	현재 긍정형	休^{やす}みだ 휴일이다 / 休^{やす}み 휴일이야
	현재 부정형	休^{やす}みじゃ ない 휴일이 아니다 / 휴일이 아니야
	과거 긍정형	休^{やす}みだった 휴일이었다 / 휴일이었어
	과거 부정형	休^{やす}みじゃ なかった 휴일이 아니었다 / 휴일이 아니었어
な형용사	현재 긍정형	静^{しず}かだ 조용하다 / 静^{しず}か 조용해
	현재 부정형	静^{しず}かじゃ ない 조용하지 않다 / 조용하지 않아
	과거 긍정형	静^{しず}かだった 조용했다 / 조용했어
	과거 부정형	静^{しず}かじゃ なかった 조용하지 않았다 / 조용하지 않았어
い형용사	현재 긍정형	おもしろい 재밌다 / 재밌어
	현재 부정형	おもしろく ない 재밌지 않다 / 재밌지 않아
	과거 긍정형	おもしろかった 재밌었다 / 재밌었어
	과거 부정형	おもしろく なかった 재밌지 않았다 / 재밌지 않았어

품사	그룹	형태	예시
동사	3그룹 する	현재 긍정형	する 하다, 할 것이다 / 할 거야
		현재 부정형	しない 하지 않는다, 하지 않을 것이다 / 하지 않을 거야
		과거 긍정형	した 했다 / 했어
		과거 부정형	しなかった 하지 않았다 / 하지 않았어
	3그룹 来る	현재 긍정형	来る 오다, 올 것이다 / 올 거야
		현재 부정형	来ない 오지 않는다, 오지 않을 것이다 / 오지 않을 거야
		과거 긍정형	来た 왔다 / 왔어
		과거 부정형	来なかった 오지 않았다 / 오지 않았어
	2그룹 見る	현재 긍정형	見る 보다, 볼 것이다 / 볼 거야
		현재 부정형	見ない 보지 않는다, 보지 않을 것이다 / 보지 않을 거야
		과거 긍정형	見た 봤다 / 봤어
		과거 부정형	見なかった 보지 않았다 / 보지 않았어
	1그룹 行く	현재 긍정형	行く 가다, 갈 것이다 / 갈 거야
		현재 부정형	行かない 가지 않는다, 가지 않을 것이다 / 가지 않을 거야
		과거 긍정형	行った 갔다 / 갔어
		과거 부정형	行かなかった 가지 않았다 / 가지 않았어

3 정중형과 보통형 비교

품사	형태	정중형	보통형
명사	현재 긍정형	休^{やす}みです	休^{やす}みだ / 休^{やす}み
	현재 부정형	休^{やす}みじゃ ありません	休^{やす}みじゃ ない
	과거 긍정형	休^{やす}みでした	休^{やす}みだった
	과거 부정형	休^{やす}みじゃ ありませんでした	休^{やす}みじゃ なかった
な형용사	현재 긍정형	静^{しず}かです	静^{しず}かだ / 静^{しず}か
	현재 부정형	静^{しず}かじゃ ありません	静^{しず}かじゃ ない
	과거 긍정형	静^{しず}かでした	静^{しず}かだった
	과거 부정형	静^{しず}かじゃ ありませんでした	静^{しず}かじゃ なかった
い형용사	현재 긍정형	おもしろいです	おもしろい
	현재 부정형	おもしろく ありません	おもしろく ない
	과거 긍정형	おもしろかったです	おもしろかった
	과거 부정형	おもしろく ありませんでした	おもしろく なかった

품사	그룹	형태	정중형	보통형
동사	3그룹 する	현재 긍정형	します	する
		현재 부정형	しません	しない
		과거 긍정형	しました	した
		과거 부정형	しませんでした	しなかった
	3그룹 来る	현재 긍정형	来ます	来る
		현재 부정형	来ません	来ない
		과거 긍정형	来ました	来た
		과거 부정형	来ませんでした	来なかった
	2그룹 見る	현재 긍정형	見ます	見る
		현재 부정형	見ません	見ない
		과거 긍정형	見ました	見た
		과거 부정형	見ませんでした	見なかった
	1그룹 行く	현재 긍정형	行きます	行く
		현재 부정형	行きません	行かない
		과거 긍정형	行きました	行った
		과거 부정형	行きませんでした	行かなかった

4 동사의 た형

그룹	공식	예시
3그룹	불규칙 활용이므로 암기합니다.	する → した 했다 / 했어 来る → 来た 왔다 / 왔어
2그룹	어미 る를 빼고 た를 붙입니다.	食べる → 食べた 먹었다 / 먹었어 見る → 見た 봤다 / 봤어
1그룹	う・つ・る → 어미를 없애고 った를 붙입니다.	買う → 買った 샀다 / 샀어 待つ → 待った 기다렸다 / 기다렸어 乗る → 乗った 탔다 / 탔어
	ぬ・む・ぶ → 어미를 없애고 んだ를 붙입니다.	死ぬ → 死んだ 죽었다 / 죽었어 読む → 読んだ 읽었다 / 읽었어 遊ぶ → 遊んだ 놀았다 / 놀았어
	く → 어미를 없애고 いた를 붙입니다.	書く → 書いた 썼다 / 썼어
	ぐ → 어미를 없애고 いだ를 붙입니다.	泳ぐ → 泳いだ 수영했다 / 수영했어
	す → 어미를 없애고 した를 붙입니다.	話す → 話した 이야기했다 / 이야기했어
	行く → 예외 활용	行く → 行った 갔다 / 갔어

5 동사의 て형

그룹	공식	예시
3그룹	불규칙 활용이므로 암기합니다.	する → して 하고, 해서 来る → 来て 오고, 와서
2그룹	어미 る를 빼고 て를 붙입니다.	食べる → 食べて 먹고, 먹어서 見る → 見て 보고, 봐서
1그룹	う・つ・る → 어미를 없애고 って를 붙입니다.	買う → 買って 사고, 사서 待つ → 待って 기다리고, 기다려서 乗る → 乗って 타고, 타서
	ぬ・む・ぶ → 어미를 없애고 んで를 붙입니다.	死ぬ → 死んで 죽고, 죽어서 読む → 読んで 읽고, 읽어서 遊ぶ → 遊んで 놀고, 놀아서
	く → 어미를 없애고 いて를 붙입니다.	書く → 書いて 쓰고, 써서
	ぐ → 어미를 없애고 いで를 붙입니다.	泳ぐ → 泳いで 수영하고, 수영해서
	す → 어미를 없애고 して를 붙입니다.	話す → 話して 이야기하고, 이야기해서
	行く → 예외 활용	行く → 行って 가고, 가서

둘째 마당 표현 미리 보기

형태	표현
동사의 て형	〈て형+て います〉① ~고 있습니다 (진행 / 습관) ② ~해져 있습니다 (상태) • スーツケースを 探して います。 여행 가방을 찾고 있습니다. UNIT 12 • 今は 地下鉄で 通って いますからね。 지금은 지하철로 다니고 있으니까요. UNIT 07 • いろいろな 食材が 入って います。 여러 재료가 들어 있어요. UNIT 05 • 地下鉄の 中は 人で 込んで います。 지하철 안은 사람으로 붐빕니다. UNIT 07 • 疲れて いますか。 피곤합니까? UNIT 08 〈て형+て ください〉~해 주세요 • これ 見て ください。 이거 봐 주세요. UNIT 10 〈て형+て しまいました〉~해 버렸습니다 • 「お気に入り」に チェックして しまいました。 '마음에 들어요'에 체크하고 말았습니다. UNIT 10 〈て형+て みます〉~해 보겠습니다 • 早速 調べて 申し込んで みます。 빨리 찾아서 신청해 보겠습니다. UNIT 11
동사의 ます형	〈ます형+たいです〉~하고 싶습니다 • 日本の 伝統的な 趣味を して みたかったんです。 일본의 전통적인 취미를 가져 보고 싶었거든요. UNIT 02 • ラベンダー畑が 見たいんです。 라벤더밭을 보고 싶거든요. UNIT 09 〈ます형+ましょうか〉~할까요? • 朝、7時に 会いましょうか。 아침 7시에 만날까요? UNIT 04

형태	표현
동사의 ます형	〈ます형+ましょう〉~합시다 • 車でスカイラインのコースを通りましょう。 차로 스카이라인 코스를 지나갑시다. UNIT 14 • グルメを楽しみましょう。 맛있는 음식을 즐깁시다. UNIT 14 〈ます형+ながら〉~하면서 • 散歩しながらその時のことを思い出します。 산책하면서 그때의 일을 떠올립니다. UNIT 13
동사의 ない형	〈ない형+なければ なりません〉~하지 않으면 안 됩니다 • 傘を持っていなければ なりませんね。 우산을 가지고 있어야만 해요. UNIT 06
동사의 た형	〈た형+た ことが あります〉~한 적이 있습니다 • 親子ヨガのプログラムをしたことが あります。 '부모와 함께 하는 요가' 프로그램을 한 적이 있습니다. UNIT 11 〈た형+た ほうが いいです〉~하는 편이 좋겠습니다 • 水を準備したほうが いいですよ。 물을 준비하는 편이 좋겠어요. UNIT 04 〈た형+たり〉~하기도 하고 • 最近、出張に行ったり、残業が あったり して…。 요새 출장을 가기도 하고, 잔업이 있기도 해서…. UNIT 08

형태	표현
보통형	〈보통형+んです〉 ~거든요/~란 말이에요 • 乗り換えを しなくても いいんです。 환승을 하지 않아도 되거든요. UNIT 07 • 忙しかったんですね。 바빴군요. UNIT 08 • 頭が 痛いんです。 머리가 아프거든요. UNIT 08 • ラベンダー畑が 見たいんです。 라벤더밭을 보고 싶거든요. UNIT 09 • 気に 入って いるんです。 마음에 들어요. UNIT 10 〈보통형+ので〉 ~때문에 • 高く ないので、大丈夫です。 높지 않으니까 괜찮습니다. UNIT 04 • レビューが よかったので 決めました。 리뷰가 좋아서 결정했습니다. UNIT 10 〈보통형+から〉 ~때문에 • 残すと もったいないから 남기면 아까우니까 UNIT 15 〈보통형+のに〉 ~인데, ~인데도 불구하고 • 午前中は いい 天気だったのに…。 오전 중은 좋은 날씨였는데…. UNIT 06 〈보통형+かも しれません〉 ~일지도 모릅니다 • 搭乗ゲートが 近かったら できるかも しれません。 탑승 게이트가 가깝다면 할 수 있을지도 모릅니다. UNIT 16 〈보통형+と 思います〉 ~라고 생각합니다 • 方向が 違うから、そこは 無理だと 思います。 방향이 다르니까, 그곳은 무리라고 생각합니다. UNIT 14

형태	표현
보통형	〈보통형＋**し**〉~고 (열거) • 時間的負担も ないし、受講料も 高く ないし。 시간적 부담도 없고, 수강료도 비싸지 않고. UNIT 11
의지형	〈의지형＋**と 思います**〉~하려고 생각합니다 • 富良野に 行こうと 思います。 후라노에 가려고 생각합니다. UNIT 09
존경, 겸양 표현	• はじめまして。キム・ミンスと 申します。 처음 뵙겠습니다. 김민수라고 합니다. UNIT 01 • よろしく お願いいたします。 잘 부탁드립니다. UNIT 01 • お忙しい ところ、来て いただいて ありがとうございます。 바쁘신데 와 주셔서 감사합니다. UNIT 03 • こちらこそ 招待して くださって ありがとうございます。 저야말로 초대해 주셔서 감사합니다. UNIT 03 • 確認いたしました。 확인했습니다. UNIT 17 • 荷物を 預かって いただけませんか。 짐을 맡아 주시지 않겠습니까? UNIT 17 • 少々 お待ち ください。 잠시 기다려 주세요. UNIT 17

둘째 마당

수업하기

✽ UNIT 01~18 학습하기

✽ 연습 문제 정답과 해석

あいさつ 인사

01 はじめまして。キム・ミンスと申します。 🎧001

처음 뵙겠습니다. 김민수라고 합니다.

처음 만난 사람에게 본인 이름을 소개할 때 쓰는 말입니다. 私は キム・ミンスです라고 해도 되지만, 私は キム・ミンスと 申します라고 하는 편이 훨씬 공손한 표현입니다.

A はじめまして。山本と 申します。 처음 뵙겠습니다. 야마모토라고 합니다.

B はじめまして。キム・ミンスと 申します。 처음 뵙겠습니다. 김민수라고 합니다.

표현 연습 빈칸에 제시된 단어를 넣어 말해 보세요. >> 정답 186P

예 田中

はじめまして。(田中)と 申します。

처음 뵙겠습니다. 다나카라고 합니다.

① 본인 이름

はじめまして。(　　　　　　　　　)と 申します。

처음 뵙겠습니다. (본인 이름)이라고 합니다.

② トム

はじめまして。(　　　　　　　　　)と 申します。

처음 뵙겠습니다. 톰이라고 합니다.

✤ 새로운 단어

はじめまして [하지메마시떼] 처음 뵙겠습니다 | **申す** [모-스] 말하다(言う의 겸양어) | **私** [와따시] 저, 나

02 よろしく お<ruby>願<rt>ねが</rt></ruby>いいたします。 잘 부탁드립니다.

002

よろしく お<ruby>願<rt>ねが</rt></ruby>いいたします는 '잘 부탁드립니다'라는 뜻입니다. お<ruby>願<rt>ねが</rt></ruby>いします도 '부탁합니다'라는 뜻이지만, お<ruby>願<rt>ねが</rt></ruby>いいたします라고 하는 편이 훨씬 더 공손한 느낌을 줍니다. 처음 만나 인사할 때 주로 많이 쓰고, 어떤 일을 부탁할 때도 씁니다.

A これから よろしく お<ruby>願<rt>ねが</rt></ruby>いいたします。 앞으로 잘 부탁드립니다.

B こちらこそ、よろしく お<ruby>願<rt>ねが</rt></ruby>いいたします。 저야말로 잘 부탁드립니다.

표현 연습 빈칸에 제시된 단어를 넣어 말해 보세요. >> 정답 186P

> **예** こちらこそ
>
> (こちらこそ) よろしく お<ruby>願<rt>ねが</rt></ruby>いいたします。
>
> 저야말로 잘 부탁드립니다.

① これから

(   ) よろしく お<ruby>願<rt>ねが</rt></ruby>いいたします。

앞으로 잘 부탁드립니다.

② どうぞ

(   ) よろしく お<ruby>願<rt>ねが</rt></ruby>いいたします。

부디 잘 부탁드립니다.

✿ 새로운 단어

これから [코레까라] 이제부터, 앞으로 | こちらこそ [코찌라꼬소] 저야말로 | どうぞ [도-조] 부디, 아무쪼록

A はじめまして。山本と 申します。
　　하 지 메 마 시 떼　　야마모또 또　　모- 시 마 스

B はじめまして。キム・ミンスと 申します。
　　하 지 메 마 시 떼　　키 무　　민　수 또 모- 시 마 스

A これから よろしく お願いいたします。
　　코 레 까 라　　요 로 시 꾸　　오 네 가 이 이 따 시 마 스

B こちらこそ、よろしく お願いいたします。
　　코 찌 라 꼬 소　　요 로 시 꾸　　오 네 가 이 이 따 시 마 스

A ミンスさんは、日本は 初めてですか。
　　민　수　상　와　　니 홍 와　　하 지 메 떼 데 스 까

B 去年、旅行で 来ました。でも、住むのは 初めてです。
　　쿄 넹　　료 꼬- 데 키 마 시 따　　데 모　　스 무 노 와 하 지 메 떼 데 스

✿ 새로운 단어

~さん [상] ~씨 | ~は [와] ~은/는 | 日本 [니홍] 일본 | 初めて [하지메떼] 처음 | 去年 [쿄넹] 작년

旅行 [료꼬-] 여행 | 来る [쿠루] 오다 | でも [데모] 하지만, 그래도 | 住む [스무] 살다

A 처음 뵙겠습니다. 야마모토라고 합니다.

B 처음 뵙겠습니다. 김민수라고 합니다.

A 앞으로 잘 부탁드립니다.

B 저야말로 잘 부탁드립니다.

A 민수 씨는 일본은 처음입니까?

B 작년에 여행으로 왔습니다. 하지만 사는 것은 처음입니다.

01 日本は 初めてですか。 일본은 처음입니까?

初めて는 '처음'이라는 뜻입니다. '~은 처음입니까?'라는 표현은 ～は 初めてですか라고 합니다. ～です에 조사 か를 붙여 ～ですか라고 하면 '~입니까?'라는 의문문이 됩니다.

A 日本料理の レストランは 初めてですか。 일본 요리 레스토랑은 처음입니까?
B はい、日本料理を 食べるのは 初めてです。 네, 일본 요리를 먹는 것은 처음입니다.

02 住むのは 初めてです。 사는 것은 처음입니다.

동사의 기본형에 の를 붙이면 '~하는 것'이라는 뜻이 됩니다. 「동사의 기본형+のは 初めてです」는 '~하는 것은 처음입니다'라는 표현입니다. 동사의 기본형은 명사를 수식하는 역할을 합니다. 住む는 동사의 기본형이고 の는 '것'이라는 명사이므로 住むのは '사는 것'이라는 뜻이 됩니다.

A 日本料理の レストランは 初めてですか。 일본 요리 레스토랑은 처음입니까?
B はい、日本で 食べるのは 初めてです。 네, 일본에서 먹는 것은 처음입니다.

✱ 새로운 단어
日本料理 [니혼료-리] 일본 요리 | レストラン [레스또랑] 레스토랑 | 食べる [타베루] 먹다 | ～で [데] ~에서

연습 문제

1 보기와 같이 제시된 단어를 활용하여 문장 연습을 해 보세요. >> 정답 186P

예 **キム・ミンス**

A お名前は 何ですか。 성함은 무엇입니까?

B キム・ミンスと 申します。 김민수라고 합니다.

---

① **田中** _{たなか}

A お名前は 何ですか。 성함은 무엇입니까?

B ＿＿＿＿＿＿＿＿と 申します。 다나카라고 합니다.

② **トム**

A お名前は 何ですか。 성함은 무엇입니까?

B ＿＿＿＿＿＿＿＿と 申します。 톰이라고 합니다.

③ **パク・ユナ**

A お名前は 何ですか。 성함은 무엇입니까?

B ＿＿＿＿＿＿＿＿と 申します。 박유나라고 합니다.

✿ 새로운 단어 ─────────────────────────────────

お名前 [오나마에] 이름, 성함 | **何** [난] 무엇(=なに)

연습 문제

2 보기와 같이 제시된 단어를 활용하여 문장 연습을 해 보세요. >> 정답 186P

예 **なにとぞ**

A ３０１号の キム・スミと 申します。よろしく お願いいたします。
301호 김수미라고 합니다. 잘 부탁드립니다.

B **なにとぞ** よろしく お願いいたします。
아무쪼록 잘 부탁드립니다.

---

① **こちらこそ**

A ３０１号の キム・スミと 申します。よろしく お願いいたします。
301호 김수미라고 합니다. 잘 부탁드립니다.

B _____ よろしく お願いいたします。
저야말로 잘 부탁드립니다.

② **どうぞ**

A ３０１号の キム・スミと 申します。よろしく お願いいたします。
301호 김수미라고 합니다. 잘 부탁드립니다.

B _____ よろしく お願いいたします。
부디 잘 부탁드립니다.

③ **これから**

A ３０１号の キム・スミと 申します。よろしく お願いいたします。
301호 김수미라고 합니다. 잘 부탁드립니다.

B _____ よろしく お願いいたします。
앞으로 잘 부탁드립니다.

✽ 새로운 단어 ─────────────────────────

なにとぞ [나니또조] 부디, 아무쪼록 | **～号** [고-] ~호

사람과 만났을 때

　일본인은 대화를 시작할 때 날씨에 대해 말하는 경향이 있습니다. 그 이유는 일본은 계절마다의 특징이 명확하고, 정서적으로 미치는 영향도 큰 데서 옵니다. 날씨 관련 인사를 소개하겠습니다.

「今日は いい 天気ですね。」
"오늘은 좋은 날씨네요."

「朝晩 寒く なりましたね。」
"아침 저녁으로 추워졌어요."

「(つゆの 時期に) 毎日、雨が 続きますね。」
"(장마 때) 매일 비가 내리네요."

☞ UNIT 01 일본어 칼럼 원문 215P

01
007
最近 (さいきん)、日本 (にほん) の 茶道 (さどう) を 始 (はじ) めました。

요즘, 일본의 다도를 시작했습니다.

'시작하다'라는 뜻의 동사는 始 (はじ) める 입니다. 취미나 어떤 일을 시작했다고 말할 때는 ～を 始 (はじ) めました(~을 시작했습니다)라고 합니다.

A 最近 (さいきん)、日本 (にほん) の 茶道 (さどう) を 始 (はじ) めました。 요즘 일본의 다도를 시작했습니다.

B へえ、茶道 (さどう) ですか。 どうしてですか。 와, 다도라고요? 왜입니까?

표현 연습 빈칸에 제시된 단어를 넣어 말해 보세요. >> 정답 186P

| 예 | | ピアノ |

最近 (さいきん)、(ピアノ)を 始 (はじ) めました。

요즘 피아노를 시작했습니다.

①

日本語 (にほんご) の 勉強 (べんきょう)

最近 (さいきん)、(　　　　　　　　　　)を 始 (はじ) めました。

요즘 일본어 공부를 시작했습니다.

②

編 (あ) み物 (もの)

最近 (さいきん)、(　　　　　　　　　　)を 始 (はじ) めました。

요즘 뜨개질을 시작했습니다.

✿ 새로운 단어 ────────────────

最近 (さいきん) [사이낑] 최근, 요즘 ┃ **茶道 (さどう)** [사도-] 다도 ┃ **始 (はじ) める** [하지메루] 시작하다 ┃ **へえ** [헤-] 감동하거나 놀랐을 때 내는 말

どうして [도-시떼] 어째서 ┃ **ピアノ** [피아노] 피아노 ┃ **日本語 (にほんご)** [니홍고] 일본어 ┃ **勉強 (べんきょう)** [벵꾜-] 공부

編 (あ) み物 (もの) [아미모노] 뜨개질, 또는 뜨개질한 것

02

🎧 008

おもしろいですが、簡単<ruby>簡単<rt>かんたん</rt></ruby>じゃ ありませんよ。

재밌지만, 쉽지 않아요.

취미가 어떠하냐고 물었을 때는, '쉽지 않아요', '재밌어요', '어려워요' 등 형용사를 사용하여 답합니다. おもしろいですが처럼 말끝에 が를 붙이면 '~지만'이라는 뜻이 됩니다.
簡単じゃ ありませんよ처럼 말끝에 よ를 붙이면 나만 아는 사실을 남에게 알려 주는 느낌을 줍니다. ☞ な형용사와 い형용사의 정중형 활용은 13~15P 참고

A どうですか。 어떻습니까?

B はははは、おもしろいですが、簡単<ruby>簡単<rt>かんたん</rt></ruby>じゃ ありませんよ。 하하하, 재밌지만 쉽지 않아요.

표현 연습 빈칸에 제시된 단어를 넣어 말해 보세요. ≫ 정답 187P

예

ピアノは 楽<ruby>楽<rt>たの</rt></ruby>しいです / 難<ruby>難<rt>むずか</rt></ruby>しいです

(ピアノは 楽<ruby>楽<rt>たの</rt></ruby>しいです)が、(難<ruby>難<rt>むずか</rt></ruby>しいです)よ。

피아노는 즐겁지만 어려워요.

---

①

日本語<ruby>日本語<rt>に ほん ご</rt></ruby>の 勉強<ruby>勉強<rt>べんきょう</rt></ruby>は 難<ruby>難<rt>むずか</rt></ruby>しいです / おもしろいです

( )が、( )よ。

일본어 공부는 어렵지만 재밌어요.

---

②

編<ruby>編<rt>あ</rt></ruby>み物<ruby>物<rt>もの</rt></ruby>は 簡単<ruby>簡単<rt>かんたん</rt></ruby>じゃ ありません / 楽<ruby>楽<rt>たの</rt></ruby>しいです

( )が、( )よ。

뜨개질은 쉽지 않지만 즐거워요.

✱ 새로운 단어 ―――――――――――――――――――――――――――――

おもしろい [오모시로이] 재미있다 | **簡単<ruby>簡単<rt>かんたん</rt></ruby>だ** [칸딴다] 간단하다 | **楽<ruby>楽<rt>たの</rt></ruby>しい** [타노시-] 즐겁다
難<ruby>難<rt>むずか</rt></ruby>しい [무즈까시-] 어렵다

회화

A 最近、日本の 茶道を 始めました。
사이 낑　니 혼 노 사 도-오 하지메 마 시 따

B へえ、茶道ですか。どうしてですか。
헤 -　사 도-데 스 까　도 - 시 떼 데 스 까

A 日本の 伝統的な 趣味を して みたかったんです。
니 혼 노 덴 또-떼 끼 나 슈 미 오 시 떼 미 따 깟 딴 데 스

B どうですか。
도 - 데 스 까

A ははは、おもしろいですが、簡単じゃ ありませんよ。
하 하 하　오 모 시 로 이 데 스 가　칸 딴 쟈　아 리 마 셍 요

B そうでしょうね。でも、お茶と 一緒に 食べる 甘い
소 - 데 쇼 - 네　데 모　오 챠 또 잇 쇼 니 타 베 루 아마 이

お菓子は おいしいですよ。
오 까 시 와 오 이 시 - 데 스 요

✽ **새로운 단어**

伝統的だ [덴또-떼끼다] 전통적이다 | **趣味** [슈미] 취미 | **趣味をする** [슈미오스루] 취미 생활을 하다, 취미를 갖다

お茶 [오챠] (마시는) 차 | **一緒に** [잇쇼니] 함께, 같이 | **甘い** [아마이] 달다 | **お菓子** [오까시] 과자

おいしい [오이시-] 맛있다

A 요즘, 일본의 다도를 시작했습니다.

B 와, 다도라고요? 왜입니까?

A 일본의 전통적인 취미를 가져 보고 싶었거든요.

B 어떻습니까?

A 하하하, 재밌지만 쉽지 않아요.

B 그렇겠죠. 그래도 차와 함께 먹는 단 과자는 맛있을 거예요.

01 どうしてですか。 왜죠(왜입니까)?

どうしてですか는 '왜입니까?, 어째서 그렇습니까?' 등의 의미로, 이유를 묻는 일본어 표현입니다. 따지듯 묻는 표현이 아니라 궁금해서 공손하게 묻는 표현으로 자주 쓰이는 말입니다.

A 息子は ケーキを 食べません。아들은 케이크를 안 먹습니다.

B そうですか。どうしてですか。그렇습니까? 왜입니까?

A 甘いものが 嫌いだからです。단것을 싫어하기 때문입니다.

02 日本の 伝統的な 趣味を して みたかったんです。
일본의 전통적인 취미를 가져 보고 싶었거든요.

「〜て みたいです(〜해 보고 싶습니다)」는 동사의 て형에 〜て みたいです를 결합한 말입니다. 과거형은 〜て みたかったです로 '〜해 보고 싶었습니다'라는 뜻이 됩니다.

〜です 앞에 ん을 넣어 〜て みたかったんです라고 하면 '〜거든요'라는 덧붙여 설명하는 의미가 추가됩니다. ☞ 동사 그룹별 て형 활용은 26〜27P 참고

A 料理教室に 通って います。요리 교실에 다니고 있습니다.

B どうしてですか。왜입니까?

A マカロンを 作って みたかったんです。마카롱을 만들고 싶었거든요.

✿ 새로운 단어
息子 [무스꼬] 아들 ｜ ケーキ [케-끼] 케이크 ｜ 甘いもの [아마이모노] 단것 ｜ 嫌いだ [키라이다] 싫어하다
料理教室 [료-리쿄-시쯔] 요리 교실 ｜ 通う [카요우] 다니다 ｜ マカロン [마까롱] 마카롱 ｜ 作る [츠꾸루] 만들다

연습 문제

1 보기와 같이 제시된 단어를 활용하여 문장 연습을 해 보세요. >> 정답 187P

> **예** 茶道(さどう)
>
> A 趣味(しゅみ)が ありますか。 취미가 있습니까?
> B はい、最近(さいきん) 茶道(さどう)を 始(はじ)めました。 네, 요즘 다도를 시작했습니다.

① **エアロビ**

A 趣味(しゅみ)が ありますか。 취미가 있습니까?
B はい、最近(さいきん) _____ を 始(はじ)めました。
네, 요즘 에어로빅을 시작했습니다.

② **山登(やまのぼ)り**

A 趣味(しゅみ)が ありますか。 취미가 있습니까?
B はい、最近(さいきん) _____ を 始(はじ)めました。
네, 요즘 등산을 시작했습니다.

③ **ピアノ**

A 趣味(しゅみ)が ありますか。 취미가 있습니까?
B はい、最近(さいきん) _____ を 始(はじ)めました。
네, 요즘 피아노를 시작했습니다.

✱ 새로운 단어 ───────────────────────

エアロビ [에아로비] 에어로빅 | **山登(やまのぼ)り** [야마노보리] 등산

연습 문제

2 보기와 같이 제시된 단어를 활용하여 문장 연습을 해 보세요. >> 정답 187P

> 예 茶道(さどう) / おもしろい / 簡単(かんたん)だ
>
> A 最近(さいきん)、新(あたら)しい 趣味(しゅみ)を 始(はじ)めました。 요즘 새로운 취미를 시작했습니다.
>
> B どうですか。 어떻습니까?
>
> A 茶道(さどう)は おもしろいですが、簡単(かんたん)じゃ ありませんよ。
> 다도는 재밌지만, 쉽지 않아요.

① 生(い)け花(ばな) / きれいだ / 花(はな)が 安(やす)い

A 最近(さいきん)、新(あたら)しい 趣味(しゅみ)を 始(はじ)めました。 요즘 새로운 취미를 시작했습니다.

B どうですか。 어떻습니까?

A ＿＿＿＿＿ は ＿＿＿＿＿ が、 ＿＿＿＿＿ よ。 꽃꽂이는 예쁘지만, 꽃이 싸지 않아요.

② スケート / 楽(たの)しい / やさしい

A 最近(さいきん)、新(あたら)しい 趣味(しゅみ)を 始(はじ)めました。 요즘 새로운 취미를 시작했습니다.

B どうですか。 어떻습니까?

A ＿＿＿＿＿ は ＿＿＿＿＿ が、 ＿＿＿＿＿ よ。 스케이트는 즐겁지만, 쉽지 않아요.

③ ガーデニング / 外(そと)は 暑(あつ)い / つらい

A 最近(さいきん)、新(あたら)しい 趣味(しゅみ)を 始(はじ)めました。 요즘 새로운 취미를 시작했습니다.

B どうですか。 어떻습니까?

A ＿＿＿＿＿ は ＿＿＿＿＿ が、 ＿＿＿＿＿ よ。 정원 가꾸기는 밖은 덥지만 힘들지 않아요.

✱ 새로운 단어 ─────────────

新(あたら)しい [아따라시-] 새롭다 | 生(い)け花(ばな) [이께바나] 꽃꽂이 | きれいだ [키레-다] 예쁘다 | 花(はな) [하나] 꽃

安(やす)い [야스이] 싸다 | スケート [스께-또] 스케이트 | やさしい [야사시-] 쉽다, 다정하다

ガーデニング [가-데닝구] 가드닝, 원예 | 外(そと) [소또] 바깥 | 暑(あつ)い [아쯔이] 덥다 | つらい [츠라이] 힘들다, 괴롭다

칼럼

일본 취향의 취미

　외국인이 동경하는 일본의 취미로 말하자면 '다도'와 '꽃꽂이'를 들 수 있습니다. 이 것들이 서민 사이에 보급된 것은 메이지 유신* 이후부터입니다. 메이지 유신을 계기로, 성에서 장군을 모시던 궁녀들은 성 밖으로 나오게 되어 직업을 잃었습니다. 그래서 상 급 궁녀들은 교양으로 익히고 있던 '다도', '꽃꽂이'를 사람들에게 가르치기 시작했습 니다. 이리하여 많은 사람에게 친숙하게 되었고 지금에 이르기까지 전통으로 남아 있 습니다.

✻ 메이지 유신(明治維新): 19세기 후반 메이지 시대 때 근대국가로 나아가기 위해 벌인 개혁

☞ UNIT 02 일본어 칼럼 원문 215P

013

01

私が 作った ケーキです。

제가 만든 케이크입니다.

동사의 보통형 과거 긍정형(〜た) 뒤에 명사가 오면 '~한/했던+명사'라는 표현이 됩니다.
동사의 보통형 과거 긍정형은 반말 과거형을 말하며 그룹별로 활용을 합니다. 여기서는 作る(만들다)의 보통형 과거 긍정형인 作った 뒤에 명사인 ケーキ가 와서 '만든 케이크'가 되었습니다.

☞ 동사 그룹별 た형 활용은 22〜25P 참고

A ありがとうございます。何ですか。 감사합니다. 무엇입니까?
B 私が 作った ケーキです。 제가 만든 케이크입니다.

표현 연습 빈칸에 제시된 단어를 넣어 말해 보세요. >> 정답 187P

예 **編んだ / マフラー**
私が (編んだ) (マフラー)です。どうぞ。
제가 짠 머플러입니다. 받아 주세요.

①  **書いた / 本**
私が (　　　　　　　) (　　　　　　　)です。どうぞ。
제가 쓴 책입니다. 받아 주세요.

② **作った / せっけん**
私が (　　　　　　　) (　　　　　　　)です。どうぞ。
제가 만든 비누입니다. 받아 주세요.

✽ 새로운 단어
編む [아무] (직물을) 짜다, 뜨다 | **マフラー** [마후라-] 머플러 | **書く** [카꾸] 쓰다 | **本** [홍] 책

せっけん [섹껭] 비누

02 とても おいしそうですね。

무척 맛있을 것 같아요.

い형용사의 어미 い를 지우고 ~そうです를 붙이면 '~할 것 같습니다'라는 추측의 표현이 됩니다. (おいしい → おいしそうです) おいしそうです는 아직 먹어 보지는 않았지만 음식의 생긴 모양이나 냄새 등을 근거로 짐작하건대 '맛있을 것 같다, 맛있어 보인다'라는 뜻입니다.
な형용사의 경우 어미 だ를 지우고 ~そうです를 붙입니다. (親切<ruby>だ<rt>しんせつ</rt></ruby> → 親切<ruby><rt>しんせつ</rt></ruby>そうです)

A <ruby>私<rt>わたし</rt></ruby>が <ruby>作<rt>つく</rt></ruby>った ケーキです。 제가 만든 케이크입니다.

B とても おいしそうですね。 무척 맛있을 것 같아요.

표현 연습 빈칸에 제시된 단어를 넣어 말해 보세요. >> 정답 187P

（예）
マフラー / あたたかそう

この (マフラー)、 とても (あたたかそう)ですね。

이 머플러, 무척 따뜻할 것 같아요.

①

<ruby>本<rt>ほん</rt></ruby> / おもしろそう

この (   )、 とても (   )ですね。

이 책, 무척 재밌을 것 같아요.

②

ぬいぐるみ / <ruby>友達<rt>ともだち</rt></ruby>が とても <ruby>好<rt>す</rt></ruby>きそう

この (   )、 (   )ですね。

이 인형, 친구가 무척 좋아할 것 같아요.

★ 새로운 단어 ─────────────────────────

とても [토떼모] 무척, 매우 | <ruby>親切<rt>しんせつ</rt></ruby>だ [신세쯔다] 친절하다 | この [코노] 이 | あたたかい [아따따까이] 따뜻하다
ぬいぐるみ [누이구루미] 봉제 인형 | <ruby>友達<rt>ともだち</rt></ruby> [토모다찌] 친구 | <ruby>好<rt>す</rt></ruby>きだ [스끼다] 좋아하다

A 吉田さん、お誕生日 おめでとうございます。
요시다 상　오탄죠-비 오메데또-고자이마스

B お忙しい ところ、来て いただいて ありがとうございます。
오 이소가시- 토꼬로　키 떼 이따다이 떼 아리가또- 고자이마스

A こちらこそ 招待して くださって ありがとうございます。
코 찌라꼬소 쇼-따이시 떼 쿠다 삿 떼 아리가또- 고자이마스

こちら、少しですが、どうぞ。
코 찌라　스꼬시데스가　도 - 조

B ありがとうございます。何ですか。
아 리가 또- 고 자이마스　난 데 스 까

A 私が 作った ケーキです。
와따시 가　츠꿋 따 케- 끼데스

B とても おいしそうですね。
토 떼 모 오 이 시 소 - 데 스 네

✱ 새로운 단어

お誕生日 [오탄죠-비] 생일 ｜ **おめでとうございます** [오메데또-고자이마스] 축하합니다

お忙しいところ [오이소가시-토꼬로] 바쁘신 와중 ｜ **招待する** [쇼-따이스루] 초대하다 ｜ **こちら** [코찌라] 이쪽

少しですが [스꼬시데스가] 별 거 아니지만

A 요시다 씨, 생일 축하드립니다.

B 바쁘신데 와 주셔서 감사합니다.

A 저야말로 초대해 주셔서 감사합니다.
이거, 별 거 아니지만 받아 주세요.

B 감사합니다. 무엇입니까?

A 제가 만든 케이크입니다.

B 무척 맛있을 것 같아요.

01 お忙しい ところ、来て いただいて ありがとうございます。

바쁘신데 와 주셔서 감사합니다.

お忙しい ところ는 '바쁘신 와중에'라는 말로, 주로 상대가 초대에 응한 경우 인사말처럼 많이 쓰입니다. 来て いただいて는 직역하면 '와 받아서'이지만, '와 주셔서'라고 해석하며, '상대에게 와 달라고 부탁했더니 와 준 상황'을 뜻합니다. ~て いただく는 말하는 사람이 상대에게 뭔가 부탁했는데 상대가 들어준 경우에 쓰입니다.

A 教えて いただいて ありがとうございます。
　　가르쳐 주셔서 감사합니다. (부탁했더니 가르쳐 준 상황)

B こちらこそ ありがとうございます。 저야말로 감사합니다.

02 こちらこそ 招待して くださって ありがとうございます。

저야말로 초대해 주셔서 감사합니다.

招待して くださって는 '초대해 주셔서'라는 뜻으로, 요구를 하지 않았는데 상대방이 초대해 준 상황을 포함한 말입니다. ~て くださる는 '~해 주시다'라는 뜻으로 말하는 사람이 상대에게 부탁하지 않았는데 상대가 뭔가 해 준 경우에 쓰입니다.

A 呼んで くださって ありがとうございます。 불러 주셔서 감사합니다.

B ごゆっくり どうぞ。 천천히 부디.

✿ 새로운 단어

教える [오시에루] 가르치다 | **呼ぶ** [요부] 부르다 | **ごゆっくり** [고윳꾸리] 천천히

1 보기와 같이 제시된 단어를 활용하여 문장 연습을 해 보세요. >> 정답 187P

> 예 日本で 買う / 人形
>
> A それは 何ですか。 그것은 무엇입니까?
> B 日本で 買った 人形です。 일본에서 산 인형입니다.

① 友達が 描く / 絵

A それは 何ですか。 그것은 무엇입니까?

B _____ です。 친구가 그린 그림입니다.

② 彼女が くれる / ゆびわ

A それは 何ですか。 그것은 무엇입니까?

B _____ です。 여자 친구가 준 반지입니다.

③ 昨日 作る / キムチ

A それは 何ですか。 그것은 무엇입니까?

B _____ です。 어제 만든 김치입니다.

❋ 새로운 단어

買う [카우] 사다 | **人形** [닝교-] 인형 | **それ** [소레] 그것 | **描く** [카꾸] 그리다(=えがく) | **絵** [에] 그림
彼女 [카노죠] 그녀, 여자 친구 | **くれる** [쿠레루] (상대가 나에게) 주다 | **ゆびわ** [유비와] 반지 | **昨日** [키노-] 어제
キムチ [키무찌] 김치

연습 문제

2 보기와 같이 제시된 단어를 활용하여 문장 연습을 해 보세요. >> 정답 188P

例 **この かばん / 重い**

A この かばんは 重そうです。 이 가방은 무거울 것 같습니다.

B そうですね。 그러네요.

---

① **この 本 / 難しい**

A ⬜⬜⬜⬜⬜⬜ は ⬜⬜⬜⬜⬜⬜ です。
　이 책은 어려울 것 같습니다.

B そうですね。 그러네요.

② **この マフラー / あたたかい**

A ⬜⬜⬜⬜⬜⬜ は ⬜⬜⬜⬜⬜⬜ です。
　이 머플러는 따뜻할 것 같습니다.

B そうですね。 그러네요.

③ **あの かばん / 高い**

A ⬜⬜⬜⬜⬜⬜ は ⬜⬜⬜⬜⬜⬜ です。
　저 가방은 비쌀 것 같습니다.

B そうですね。 그러네요.

✽ 새로운 단어 ─────────────────

かばん [카방] 가방 | **重い** [오모이] 무겁다 | **あの** [아노] 저 | **高い** [타까이] 높다, 비싸다

선물

　일본에는 일 년에 두 번, 연중행사로써 선물을 하는 날이 있습니다. '백중*'과 '세모*' 입니다. '백중' 선물을 보내는 시기는 7월 중순부터 말에 걸쳐서이며, '연초부터 (백중 까지) 반년간 신세를 졌습니다'라는 감사의 마음과 '더운 여름에 건강은 괜찮으신가요' 라는 배려의 의미가 담겨 있습니다. 한편, '세모' 선물은 12월에 보내며 '올해도 신세 많이 졌습니다'라는 감사의 뜻을 표합니다.

＊ 백중(お中元): 음력 7월 15일에 지내는 명절로 일본은 '오츄겐', 한국은 '백중'이라 한다. 백 가지 곡식의 씨 앗이라는 말에서 유래했으며 일본에서는 선물을 보내는 연중행사로 정착했다.

＊ 세모(お歳暮): '한 해의 끝자락'이라는 뜻으로 연말에 감사한 사람에게 선물을 보내는 연중행사를 말한다.

☞ UNIT 03 일본어 칼럼 원문 215P

019

01

水を 準備した ほうが いいですよ。

물을 준비하는 편이 좋겠어요. (제안)

동사의 た형에 ~た ほうが いいです를 연결하면 '~하는 편이 좋습니다'라는 뜻으로, 상대방의 질문이나 의견에 대한 '충고' 및 '제안'을 나타내는 표현이 됩니다. 말끝의 よ는 말하는 사람이 알고 있는 바를 상대에게 알려 주는 느낌을 주는 말인데, 생략 가능합니다. ☞ 동사 그룹별 た형 활용은 22~25P 참고

A 何が 必要ですか。 무엇이 필요합니까?

B 水を 準備した ほうが いいですよ。 물을 준비하는 편이 좋겠어요.

표현 연습 빈칸에 제시된 단어를 넣어 말해 보세요. >> 정답 188P

예

映画を 見た

(映画を 見た) ほうが いいですよ。

영화를 보는 편이 좋겠어요.

①

タクシーに 乗った

(　　　　　　　　　　) ほうが いいですよ。

택시를 타는 편이 좋겠어요.

②

飛行機で 行った

(　　　　　　　　　　) ほうが いいですよ。

비행기로 가는 편이 좋겠어요.

✿ 새로운 단어 ──────────────────

水 [미즈] 물 | **準備する** [쥼비스루] 준비하다 | **~ほう** [호-] ~쪽, ~편 | **いい** [이-] 좋다

必要だ [히쯔요-대] 필요하다 | **映画** [에-가] 영화 | **見る** [미루] 보다 | **タクシー** [타꾸시-] 택시

乗る [노루] 타다 | **飛行機** [히꼬-끼] 비행기 | **~で** [데] ~(으)로 | **行く** [이꾸] 가다

02 朝、7時に 会いましょうか。
あさ　しちじ　　あ

아침 7시에 만날까요? (권유)

동사의 ます형에 ～ましょうか를 결합하면 '~할까요(할래요)?'라는 '권유'하는 말이 됩니다. 'ます형'이란, ～ます 앞에 연결되는 형태를 말합니다. か를 뺀 ～ましょう는 '~합시다'라는 뜻이 됩니다. 권유하는 말로「동사의 ます형+ませんか(~하지 않겠습니까?)」도 있습니다.

☞ 동사 그룹별 ます형 활용은 16~17P 참고

A 時間は どうしますか。 시간은 어떻게 할까요?
じかん

B 朝、7時に 会いましょうか。 아침 7시에 만날까요?
あさ　しちじ　　あ

표현 연습 빈칸에 제시된 단어를 넣어 말해 보세요. ≫ 정답 188P

예
ごはんを 食べましょうか
た
一緒に (ごはんを 食べましょうか)。
いっしょ　　　　　　た
같이 밥을 먹을까요?

①
映画を 見ましょうか
えいが　　み
一緒に (　　　　　　　　　　)。
いっしょ
같이 영화를 볼까요?

②
図書館で 勉強しましょうか
としょかん　　べんきょう
一緒に (　　　　　　　　　　)。
いっしょ
같이 도서관에서 공부할까요?

✱ 새로운 단어

朝 [아사] 아침 ∣ ～時 [지] ~시 ∣ ～に [니] ~에 ∣ 会う [아우] 만나다 ∣ 時間 [지깡] 시간 ∣ ごはん [고항] 밥, 식사
あさ　　　　　　　じ　　　　　　　　に　　　　　　　あ　　　　　　　　　じかん
図書館 [토쇼깡] 도서관
としょかん

A ミンスさん、今度の 週末、山登り 一緒に いかがですか。
민수 상 콘도노 슈-마쯔 야마노보리 잇쇼니 이까가데스까

B 山登りですか。山登りは 初めてです。
야마노보리데스까 야마노보리와 하지메떼데스

A 高く ないので、大丈夫です。
타까꾸 나이노데 다이죠-부데스

B じゃあ、行って みます。何が 必要ですか。
쟈- 잇떼미마스 나니가 히쯔요-데스까

A 水を 準備した ほうが いいですよ。
미즈오 쥼비시따호-가 이-데스요

B わかりました。時間は どうしますか。
와까리마시따 지깡와 도-시마스까

A そうですね。午後は 暑いので、
소-데스네 고고와 아쯔이노데

朝、7時に 会いましょうか。
아사 시찌지니 아이마쇼-까

B そうですね。7時に しましょう。
소-데스네 시찌지니 시마쇼-

✻ 새로운 단어

今度 [콘도] 이번, 다음 | **週末** [슈-마쯔] 주말 | **いかがですか** [이까가데스까] 어떻습니까?

大丈夫だ [다이죠-부다] 괜찮다 | **~ので** [노데] ~(으)니까, ~때문에 | **じゃあ** [쟈-] 그러면

わかりました [와까리마시따] 알겠습니다 | **午後** [고고] 오후

A 민수 씨, 이번 주말에 등산 함께 어떠십니까?

B 등산이요? 등산은 처음입니다.

A 높지 않으니까 괜찮습니다.

B 그럼, 가 보겠습니다. 무엇이 필요합니까?

A 물을 준비하는 편이 좋겠어요.

B 알겠습니다. 시간은 어떻게 할까요?

A 글쎄요. 오후는 더우니까 아침 7시에 만날까요?

B 그래요. 7시로 해요.

문법 더하기

01 一緒に いかかですか。 함께 어떠십니까?

'어떻습니까(어떠십니까)?'라는 표현은 いかがですか를 씁니다. 권유나 제안을 할 때 쓰는 공손한 표현입니다.

A お昼は 何に しましょうか。 점심은 뭘로 할까요?

B お寿司は いかがですか。 초밥은 어떠십니까?

02 高く ないので、大丈夫です。 높지 않으니까 괜찮습니다.

보통형에 ～ので를 연결하면 ～から와 같은 뜻으로 '~때문에, ~(으)니까'라는 이유를 나타냅니다. ☞ 품사별 보통형은 30～31P 참고

A その 本、難しく ありませんか。 그 책, 어렵지 않습니까?

B 絵が たくさん あるので、あまり 難しく ありません。
그림이 많이 있기 때문에 그다지 어렵지 않습니다.

03 じゃあ、行って みます。 그럼, 가 보겠습니다.

「동사의 て형+て みます」는 '시도'를 나타내는 말로 '~해 보겠습니다'라는 뜻입니다.

A その ラーメン屋、すごく おいしいです。 그 라면집, 매우 맛있습니다.

B そうですか。食べて みます。 그럴습니까? 먹어 보겠습니다.

✿ 새로운 단어

お昼 [오히루] 낮, 점심(식사) | **お寿司** [오스시] 초밥 | **～から** [카라] ~(으)니까, ~때문에 | **その** [소노] 그

たくさん [타꾸상] 많이 | **あまり** [아마리] 그다지, 별로 | **ラーメン屋** [라-멩야] 라면집 | **すごく** [스고꾸] 매우

1 보기와 같이 제시된 단어를 활용하여 문장 연습을 해 보세요. >> 정답 188P

> 예 薬を 飲む
>
> A 風邪を ひいたんです。 감기에 걸렸어요.
>
> B じゃあ、薬を 飲んだ ほうが いいですよ。 그럼, 약을 먹는 편이 좋겠어요.

① 早く 寝る

A 風邪を ひいたんです。 감기에 걸렸어요.

B じゃあ、　　　　　　　　　 ほうが いいですよ。

그럼, 빨리 자는 편이 좋겠어요.

② あたたかい お茶を 飲む

A 風邪を ひいたんです。 감기에 걸렸어요.

B じゃあ、　　　　　　　　　 ほうが いいですよ。

그럼, 따뜻한 차를 마시는 편이 좋겠어요.

③ すぐ 病院に 行く

A 風邪を ひいたんです。 감기에 걸렸어요.

B じゃあ、　　　　　　　　　 ほうが いいですよ。

그럼, 바로 병원에 가는 편이 좋겠어요.

✽ 새로운 단어 ────────────────────────────────
薬を飲む [쿠스리오노무] 약을 먹다 ┃ **風邪をひく** [카제오히꾸] 감기에 걸리다 ┃ **早く** [하야꾸] 빨리

寝る [네루] 자다 ┃ **飲む** [노무] 마시다 ┃ **すぐ** [스구] 곧, 바로 ┃ **病院** [보-잉] 병원

연습 문제

2 보기와 같이 제시된 단어를 활용하여 문장 연습을 해 보세요. >> 정답 188P

> 예 映画を 見る
>
> A 一緒に 映画を 見ましょうか。 함께 영화를 볼까요?
>
> B はい、そうしましょう。 네, 그럽시다.

① ランチを 食べる

   A 一緒に ＿＿＿＿＿＿＿＿＿＿。 함께 점심을 먹을까요?

   B はい、そうしましょう。 네, 그럽시다.

② ショッピングに 行く

   A 一緒に ＿＿＿＿＿＿＿＿＿＿。 함께 쇼핑하러 갈까요?

   B はい、そうしましょう。 네, 그럽시다.

③ 勉強する

   A 一緒に ＿＿＿＿＿＿＿＿＿＿。 함께 공부할까요?

   B はい、そうしましょう。 네, 그럽시다.

✱ 새로운 단어 ──────────

ランチ [란찌] 런치, 점심(식사) | **ショッピング** [숍삥구] 쇼핑

비즈니스 매너

업무 관계로 타 회사를 방문할 때, 도착 시간은 '약속 시간에 딱 맞추기', 아니면 10분 정도 앞서 '조금 빨리', 어느 쪽이 좋을까요? 정답은 '시간에 딱 맞추기'입니다. 상대방은 약속 시간에 맞추어 일정을 세워 일을 진행하고 있으므로, 약속 상대가 일찌감치 도착했다고 해서 바로 나올 수 없습니다. 따라서 기다리게 한 데에 미안함을 느끼게 됩니다. 늦지 않도록 일찌감치 출발해서 도착했다고 해도, 도착을 알리는 시간은 정확히 맞추는 것이 비즈니스 매너입니다.

☞ UNIT 04 일본어 칼럼 원문 216P

に ほん　た　もの

🎧 025

01

これは おせち料理です。

이것은 오세치 요리입니다.

대표적인 일본 음식명을 알아봅시다. おせち料理는 설날에 먹는 일본의 명절 요리입니다.
설 연휴 동안 두고 먹기 때문에 보존성이 높고 국물이 없는 요리로 주로 구성합니다.

A この 料理は 何ですか。 이 요리는 무엇입니까?

B これは おせち料理です。 이건 오세치 요리입니다.

표현 연습 빈칸에 제시된 단어를 넣어 말해 보세요. ≫ 정답 189P

예 **すきやき**

これは (すきやき)です。

이것은 스키야키입니다.

①

かいせき料理

これは (　　　　　　　　)です。

이것은 가이세키 요리입니다.

②

たこやき

これは (　　　　　　　　)です。

이것은 다코야키입니다.

✻ 새로운 단어

これ [코레] 이것 ｜ **料理** [료-리] 요리 ｜ **おせち料理** [오세찌료-리] 오세치 요리(일본의 설 음식)

すきやき [스끼야끼] 스키야키(일본식 전골 요리) ｜ **かいせき料理** [카이세끼료-리] 가이세키 요리(일본의 코스 요리)

たこやき [타꼬야끼] 다코야키(일본식 문어 풀빵)

02 おせち料理は お正月に 食べる 日本の 食べ物です。

오세치 요리는 설날에 먹는 일본의 음식입니다.

026

お正月는 1월 1일 설날을 뜻하며, 이날 おせち料理를 먹고 신사에 가서 기도하는 풍습이 있습니다.

A おせち料理は お正月に 食べる 日本の 食べ物です。

오세치 요리는 설날에 먹는 일본의 음식입니다.

B いつも 食べるんですか。 늘 먹는 겁니까?

표현 연습 빈칸에 제시된 단어를 넣어 말해 보세요. >> 정답 189P

예

すきやき / なべ料理

(すきやき)は 日本の (なべ料理)です。

스키야키는 일본의 전골 요리입니다.

①

かいせき料理 / コース料理

(　　　　　　　)は 日本の (　　　　　　　)です。

가이세키 요리는 일본의 코스 요리입니다.

②

たこやき / おやつ

(　　　　　　　)は 日本の (　　　　　　　)です。

다코야키는 일본의 간식입니다.

✿ 새로운 단어

お正月 [오쇼-가쯔] 정월 | **食べ物** [타베모노] 음식, 먹을 것 | **いつも** [이쯔모] 항상 | **なべ料理** [나베료-리] 전골 요리

コース料理 [코-스료-리] 코스 요리 | **おやつ** [오야쯔] 간식

A この 料理は 何ですか。
코노 료-리와 난데스까

B これは おせち 料理です。
코레와 오세찌료-리데스

おせち 料理は お正月に 食べる 日本の 食べ物です。
오세찌료-리와 오쇼-가쯔니 타베루 니혼노 타베모노데스

いろいろな 食材が 入って います。
이로이로나 쇼꾸자이가 하잇 떼 이마스

A いつも 食べるんですか。
이쯔모 타베 룬데스까

B いいえ。お正月にしか 食べません。
이-에 오 쇼-가쯔니 시 까 타베마 셍

A 特別な 料理なんですね。
토꾸베쯔나 료-리 난 데스네

B ええ。入れる 食材は 地域に よって 違うんですよ。
에- 이 레루 쇼꾸자이와 치 이끼니 욧 떼 치가 운데스요

✿ **새로운 단어**

いろいろ [이로이로] 여러 가지 | **食材** [쇼꾸자이] 식자재, 요리 재료 | **入る** [하이루] 들어가다, 들어오다

いいえ [이-에] 아니요 | **～しか** [시까] ~밖에 | **特別だ** [토꾸베쯔다] 특별하다 | **ええ** [에-] 네

入れる [이레루] 넣다 | **地域** [치이끼] 지역 | **違う** [치가우] 다르다, 틀리다

027

A 이 요리는 무엇입니까?

B 이건 오세치 요리입니다.

오세치 요리는 설날에 먹는 일본의 음식입니다.

여러 재료가 들어 있어요.

A 늘 먹는 겁니까?

B 아니요, 설날에밖에 안 먹습니다.

A 특별한 요리군요.

B 네, 넣는 재료는 지역에 따라서 달라요.

01 お正月にしか 食べません。 설날에밖에 안 먹습니다.

〜しかは '~밖에, 뿐, 만'이라는 뜻으로, 뒤에 부정형이 오면 '~밖에 안 합니다'라는 뜻이 됩니다.

A ダイエット中ですか。 다이어트 중입니까?

B はい、夜ごはんは サラダしか 食べません。 네, 저녁밥은 샐러드밖에 안 먹습니다.

02 いろいろな 食材が 入って います。 여러 재료가 들어 있어요.

入るは '들어가다(들어오다)'라는 뜻으로, 상태 지속을 나타내는 〜て いますと 접속하면 入って います가 되며, '들어가 있다, 들어 있다'라는 뜻이 됩니다.

A この のり巻きの 中には チーズが 入って います。
이 김밥 안에는 치즈가 들어 있습니다.

B それは おいしそうですね。 그거 맛있겠네요.

03 地域に よって 違うんですよ。 지역에 따라서 달라요.

「명사+によって」는 '~에 따라서'라는 뜻입니다. 違うは '다르다'라는 뜻입니다. 違うんですよ의 よ는 남에게 알려 주는 느낌으로 말할 때 씁니다.

A 韓国人は みんな 辛い 料理が 好きですか。 한국인은 모두 매운 요리를 좋아합니까?

B いいえ、人に よって 違うんですよ。 아니요, 사람에 따라서 달라요.

✿ 새로운 단어 ──────────────

ダイエット [다이엣또] 다이어트 │ **〜中** [츄-] ~중 │ **夜ごはん** [요루고항] 저녁밥 │ **サラダ** [사라다] 샐러드

のり巻き [노리마끼] 김밥 │ **中** [나까] 안, 속 │ **チーズ** [치-즈] 치즈 │ **韓国人** [캉꼬꾸징] 한국인

みんな [민나] 모두 │ **辛い** [카라이] 맵다 │ **人** [히또] 사람

▶ UNIT 05에 나오는 일본 음식에 대해 알아봅시다.

스키야키

스키야키(**すきやき**)는 설탕과 간장 베이스의 국물에 소고기와 여러 가지 채소 등을 넣고 자작하게 끓이면서 먹는 전골 요리예요.

가이세키 요리

가이세키 요리(**かいせき料理**)는 제철 식재료를 사용한 일본의 코스 요리로, 전통 여관인 료칸 등에서 맛볼 수 있어요.

다코야키

다코야키(**たこやき**)는 일본식 문어풀빵으로, 밀가루 반죽에 문어와 양념을 넣고 동그란 틀에 구워낸 것이에요.

오야코동

오야코동(**おやこどん**)은 일본의 가정 요리로 닭고기와 달걀이 함께 들어간 덮밥이에요.

029

연습 문제

1 보기와 같이 제시된 단어를 활용하여 문장 연습을 해 보세요. >> 정답 189P

> **예** **すきやき / なべ料理 / 牛肉を 使う**
>
> **A** この 料理は 何ですか。 이 요리는 무엇입니까?
>
> **B** これは すきやき です。 이것은 스키야키입니다.
>
> すきやきは、日本の なべ料理で、牛肉を 使います。
> 스키야키는 일본의 전골 요리로, 소고기를 사용합니다.

① **おやこどん / 家庭料理 / たまごと 鶏肉が 入る**

A この 料理は 何ですか。 이 요리는 무엇입니까?

B これは ＿＿＿＿＿＿＿ です。 이것은 오야코동입니다.

＿＿＿＿＿＿＿ は、日本の ＿＿＿＿＿＿＿ で ＿＿＿＿＿＿＿ 。
오야코동은 일본의 가정 요리로, 달걀과 닭고기가 들어갑니다.

② **かいせき料理 / コース料理 / 値段が 高い**

A この 料理は 何ですか。 이 요리는 무엇입니까?

B これは ＿＿＿＿＿＿＿ です。 이것은 가이세키 요리입니다.

＿＿＿＿＿＿＿ は、日本の ＿＿＿＿＿＿＿ で ＿＿＿＿＿＿＿ 。
가이세키 요리는 일본의 코스 요리로 가격이 비쌉니다.

✱ 새로운 단어

牛肉 [규-니꾸] 소고기 | **使う** [츠까우] 사용하다 | **おやこどん** [오야꼬동] 오야코동(일본식 닭고기덮밥)

たまご [타마고] 달걀 | **鶏肉** [토리니꾸] 닭고기 | **値段** [네당] 가격

연중행사와 행사 음식

계절에 따른 행사 음식은 제철 재료와 일본의 정서도 깊이 느낄 수 있습니다. 대표적인 연중행사 음식을 소개하겠습니다.

いちがつ
1月: おせち　　　　　1월 오세치(설날에 먹는 재료가 특별한 음식)

にがつ　ふくまめ
2月: 福豆　　　　　　2월 후쿠마메(입춘 전날 액운을 쫓기 위해 만드는 볶은 콩)

さんがつ　　　ずし
3月: ちらし寿司　　　3월 지라시즈시(스시의 한 종류)

しがつ　はなみだんご
4月: 花見団子　　　　4월 하나미당고(꽃놀이 경단)

ごがつ　かしわもち
5月: 柏餅　　　　　　5월 가시와모치(단오에 먹는 찰떡)

しちがつ　　　かばやき
7月: うなぎの蒲焼　　7월 우나기노카바야키(장어 양념구이)

くがつ
9月: おはぎ　　　　　9월 오하기(팥소나 콩가루를 입힌 떡)

じゅうがつ　つきみだんご
10月: 月見団子　　　10월 쓰키미당고(만월 경단)

じゅうにがつ　としこ
12月: 年越しそば　　12월 도시코시소바(해넘이 국수)

오세치 요리(おせち料理)　　　하나미당고(花見団子)　　　가시와모치(柏餅)

☞ UNIT 05 일본어 칼럼 원문 216P

天気 날씨
てん き

01
午後 急に 雨が 降りました。
ご ご きゅう あめ ふ

030

오후에 갑자기 비가 왔습니다.

'비가 오다'는 雨が 降る라고 합니다. '(비나 눈이) 내리다/오다'는 동사 降る를 생략하고 雨で
す(비입니다), 雪です(눈입니다)라고 할 수도 있습니다. 날씨와 관련된 여러 가지 표현을 알아봅
시다.

A どうしたんですか。 무슨 일입니까?
B 午後 急に 雨が 降りました。 오후에 갑자기 비가 왔습니다.
ご ご きゅう あめ ふ

표현 연습 빈칸에 제시된 단어를 넣어 말해 보세요. >> 정답 189P

예
かみなりが なりました
急に (かみなりが なりました)。
きゅう

갑자기 천둥이 쳤습니다.

①
雨が 止みました
あめ や
急に ( )。
きゅう

갑자기 비가 그쳤습니다.

②
風が 吹きました
かぜ ふ
急に ( )。
きゅう

갑자기 바람이 불었습니다.

✻ 새로운 단어

急に [큐-니] 갑자기 │ 雨 [아메] 비 │ 降る [후루] (눈, 비 등이) 내리다 │ 雪 [유끼] 눈 │ かみなり [카미나리] 천둥
きゅう あめ ふ ゆき

なる [나루] (소리가) 울리다, 나다 │ 止む [야무] (눈, 비 등이) 그치다 │ 風 [카제] 바람 │ 吹く [후꾸] (바람이) 불다
や かぜ ふ

02 　にわか雨ですね。 소나기군요.

031

소나기는 にわか雨라고 합니다. 장마, 안개, 바람 등 날씨와 관련된 말을 익혀 봅시다.

A にわか雨ですね。 소나기군요.

B はい、午前中は いい 天気だったのに…。 네, 오전 중은 좋은 날씨였는데….

표현 연습 빈칸에 제시된 단어를 넣어 말해 보세요. >> 정답 189P

예 つゆ

（ つゆ ）ですね。

장마군요.

①

風

（　　　　　　　　）ですね。

바람이네요(바람이 부는군요).

②

きり

（　　　　　　　　）ですね。

안개네요(안개가 꼈군요).

✿ 새로운 단어

にわか雨 [니와까아메] 소나기 ｜ 午前中 [고젠쮸-] 오전 중 ｜ 天気 [텡끼] 날씨 ｜ つゆ [츠유] 장마 ｜ きり [키리] 안개

A　今日は 大変でした。
　　쿄- 와 타이헨 데 시 따

B　どうしたんですか。
　　도 - 시 딴 데 스 까

A　午後 急に 雨が 降りました。
　　고 고 큐-니 아메 가 후 리 마 시 따

B　にわか雨ですね。
　　니 와 까 아메 데 스 네

A　はい、午前中は いい 天気だったのに…。
　　하 이　고젠츄-와 이- 텡 끼 닷 따 노 니

B　この 時期は いつも 傘を 持って いなければ なりませんね。
　　코 노 지 끼 와 이 쯔 모 카사 오　못 떼 이 나 께 레 바 나 리 마 센 네

✿ 새로운 단어

今日 [쿄-] 오늘 ｜ 大変だ [타이헨다] 큰일이다, 힘들다 ｜ 時期 [지끼] 시기 ｜ 傘 [카사] 우산

持つ [모쯔] 들다, 가지다

A   오늘은 힘들었습니다.

B   무슨 일입니까?

A   오후에 갑자기 비가 왔습니다.

B   소나기군요.

A   네, 오전 중은 좋은 날씨였는데….

B   이 시기는 늘 우산을 가지고 있어야만 해요.

문법 더하기

01 午前中は いい 天気だったのに…。 오전 중은 좋은 날씨였는데….

보통형에 ~のに를 붙이면 '~인데도, ~임에도 불구하고'라는 뜻이 됩니다. 「명사+だった」는 명사 보통형 과거형(긍정)입니다. 여기에 ~のに를 이어 접속하면 「명사+だったのに(~였는데도, ~였는데도 불구하고)」가 됩니다.

な형용사의 경우 어미 だ를 빼고 ~だった를 붙입니다. (ひまだ → ひまだったのに 한가했는데) 명사와 な형용사의 보통형 현재형에는 ~のに 앞에 な를 붙여 ~なのに가 됩니다. (ひまなのに 한가한데도) ☞ 품사별 보통형은 30~31P 참고

A どうしたんですか。元気が ありませんね。 무슨 일입니까? 기운이 없네요.

B ダイエット中なのに 全然 やせません。 다이어트 중인데 전혀 안 빠집니다.

02 傘を 持って いなければ なりませんね。

우산을 가지고 있어야만 해요.

「동사의 ない형+なければ なりません」은 '~하지 않으면 안된다(꼭 해야만 한다)'는 당연, 의무를 나타내는 표현입니다. 위 문장에서는 持って いる의 ない형 뒤에 ~なければ なりません이 붙어 '가지고 있어야만 해요'라는 표현이 되었습니다. ☞ 동사 그룹별 ない형 활용은 22~24P 참고

A 日本旅行に 行くんですが、何が 必要ですか。
일본 여행을 가는데, 무엇이 필요합니까?

B パスポートを 準備しなければ なりません。
여권을 준비해야만 합니다.

✽ 새로운 단어

~のに [노니] ~인데도 │ **ひまだ** [히마다] 한가하다 │ **元気** [겡끼] 건강, 기운 │ **全然** [젠젱] 전혀

やせる [야세루] (살이) 빠지다 │ **パスポート** [파스뽀-또] 여권

1 보기와 같이 제시된 단어를 활용하여 문장 연습을 해 보세요. >> 정답 190P

> 예 雨 / 降る
>
> A どうしたんですか。 무슨 일입니까?
> B 急に 雨が 降りました。 갑자기 비가 왔습니다.

① かみなり / なる

A どうしたんですか。 무슨 일입니까?
B 急に ＿＿＿＿＿＿＿＿＿ が ＿＿＿＿＿＿＿＿＿ 。
갑자기 천둥이 쳤습니다.

② 強い 風 / 吹く

A どうしたんですか。 무슨 일입니까?
B 急に ＿＿＿＿＿＿＿＿＿ が ＿＿＿＿＿＿＿＿＿ 。
갑자기 강한 바람이 불었습니다.

③ きり / 出る

A どうしたんですか。 무슨 일입니까?
B 急に ＿＿＿＿＿＿＿＿＿ が ＿＿＿＿＿＿＿＿＿ 。
갑자기 안개가 끼었습니다.

✿ 새로운 단어 ──────────────────
強い [츠요이] 강하다 | きりが出る [키리가데루] 안개가 끼다

연습 문제

2 보기와 같이 제시된 단어를 활용하여 문장 연습을 해 보세요. >> 정답 190P

예 にわか雨

A にわか雨ですね。소나기군요.

B はい、午前中は いい 天気だったのに…。네, 오전 중은 좋은 날씨였는데….

---

① 雲が 多い

A _____ですね。구름이 많네요.

B はい、午前中は いい 天気だったのに…。 네, 오전 중은 좋은 날씨였는데….

② 暴風雨

A _____ですね。폭풍우네요.

B はい、午前中は いい 天気だったのに…。 네, 오전 중은 좋은 날씨였는데….

③ きり雨

A _____ですね。안개비네요.

B はい、午前中は いい 天気だったのに…。 네, 오전 중은 좋은 날씨였는데….

✿ 새로운 단어

雲 [쿠모] 구름 | **多い** [오-이] 많다 | **暴風雨** [보-후-우] 폭풍우 | **きり雨** [키리사메] 안개비

테루테루보즈(てるてる坊主)

　　테루테루보즈란, 다음 날 맑은 날씨가 되기를 바라며 창가나 처마에 달아 놓는 인형을 말합니다. 운동회나 소풍 같은 이벤트 등 다음 날에 절대 비가 오지 않기 바랄 때 만듭니다. 또한, 반대로 비를 바랄 때는 거꾸로 매달아 놓습니다. 하얀 천이나 티슈로 간단히 만들 수 있기 때문에, 부모와 아이가 함께 만들며 다음 날을 기대합니다. 귀엽고 단순한 모습으로 캐릭터에 사용되는 경우도 많습니다.

☞ UNIT 06 일본어 칼럼 원문 217P

<ruby>通<rt>つう</rt></ruby><ruby>勤<rt>きん</rt></ruby> 출퇴근

036

01

<ruby>今<rt>いま</rt></ruby>は <ruby>地下鉄<rt>ち か てつ</rt></ruby>で <ruby>通<rt>かよ</rt></ruby>って いますからね。

지금은 지하철로 다니고 있으니까요.

<ruby>地下鉄<rt>ち か てつ</rt></ruby>で처럼 교통수단을 나타내는 단어에 で가 붙으면 '그 교통수단으로'라는 뜻이 됩니다.
<ruby>何<rt>なに</rt></ruby>で는 '무엇으로'라는 뜻으로, 어떤 수단 및 방법을 묻는 표현입니다.

A <ruby>今<rt>いま</rt></ruby>は <ruby>地下鉄<rt>ち か てつ</rt></ruby>で <ruby>通<rt>かよ</rt></ruby>って いますからね。<ruby>通勤時間<rt>つうきん じ かん</rt></ruby>は どうですか。

지금은 지하철로 다니고 있으니까요. 통근 시간은 어떻습니까?

B <ruby>前<rt>まえ</rt></ruby>より <ruby>30分<rt>さんじゅっぷん</rt></ruby> <ruby>短<rt>みじか</rt></ruby>く なりました。 전보다 30분 짧아졌습니다.

표현 연습 빈칸에 제시된 단어를 넣어 말해 보세요. ≫ 정답 190P

예
<ruby>電車<rt>でんしゃ</rt></ruby>
<ruby>会社<rt>かいしゃ</rt></ruby>まで (<ruby>電車<rt>でんしゃ</rt></ruby>)で <ruby>通<rt>かよ</rt></ruby>って います。

회사까지 전차로 다니고 있습니다.

①
<ruby>自転車<rt>じ てんしゃ</rt></ruby>
<ruby>会社<rt>かいしゃ</rt></ruby>まで ( )で <ruby>通<rt>かよ</rt></ruby>って います。

회사까지 자전거로 다니고 있습니다.

②
<ruby>自分<rt>じ ぶん</rt></ruby>の <ruby>車<rt>くるま</rt></ruby>
<ruby>会社<rt>かいしゃ</rt></ruby>まで ( )で <ruby>通<rt>かよ</rt></ruby>って います。

회사까지 제 자동차로 다니고 있습니다.

✿ 새로운 단어

<ruby>今<rt>いま</rt></ruby> [이마] 지금 | <ruby>地下鉄<rt>ち か てつ</rt></ruby> [치까떼쯔] 지하철 | <ruby>通勤時間<rt>つうきん じ かん</rt></ruby> [츠-낑지깡] 통근 시간 | <ruby>前<rt>まえ</rt></ruby> [마에] 앞, 전

〜より [요리] ~보다 | **30分<rt>さんじゅっぷん</rt>** [산쥼뿡]30분(＝さんじっぷん) | <ruby>短<rt>みじか</rt></ruby>い [미지까이] 짧다 | <ruby>電車<rt>でんしゃ</rt></ruby> [덴샤] 전차

<ruby>会社<rt>かいしゃ</rt></ruby> [카이샤] 회사 | **〜まで** [마데] ~까지 | <ruby>自転車<rt>じ てんしゃ</rt></ruby> [지뗀샤] 자전거 | <ruby>自分<rt>じ ぶん</rt></ruby> [지붕] 나, 자신 | <ruby>車<rt>くるま</rt></ruby> [쿠루마] 자동차

02 地下鉄の 中は 人で 込んで います。
ち か てつ　なか　ひと　こ

지하철 안은 사람으로 붐빕니다.

사람이나 자동차 등이 많아서 혼잡하고 붐비는 상황을 일본어로 込む라고 합니다. 込む는 '길이 막히다(혼잡하다/붐비다)'라는 뜻으로, 상태를 나타내는 표현인 込んで います의 형태로 많이 쓰입니다.

A 地下鉄の 中は 人で 込んで います。 지하철 안은 사람으로 붐빕니다.
ち か てつ　なか　ひと　こ

B 地下鉄の ラッシュアワーは 東京の 名物ですよ。 지하철 러시아워는 도쿄에서 유명하지요.
ち か てつ　　　　　　　　　　　とうきょう　めいぶつ

표현 연습 빈칸에 제시된 단어를 넣어 말해 보세요. ≫정답 190P

예
　　道路 / 車
　　どう ろ　くるま
　　(道路)는 (車)로 込んで います。
　　どう ろ　　　くるま　　こ
　　도로는 차로 붐빕니다.

①
　　デパート / お客
　　　　　　きゃく
　　(　　　　　　)は (　　　　　　)で 込んで います。
　　　　　　　　　　　　　　　　　こ
　　백화점은 손님으로 붐빕니다.

②
　　京都 / 観光客
　　きょう と　かんこうきゃく
　　(　　　　　　)는 (　　　　　　)で 込んで います。
　　　　　　　　　　　　　　　　　こ
　　교토는 관광객으로 붐빕니다.

✱ 새로운 단어

込む [코무] 붐비다 | **ラッシュアワー** [랏슈아와-] 러시아워 | **東京** [토-꾜-] 도쿄 〈지명〉 | **名物** [메-부쯔] 명물
こ　　　　　　　　　　　　　　　　　　　　　　　　　　　　とうきょう　　　　　　　　　　　めいぶつ

道路 [도-로] 도로 | **デパート** [데빠-또] 백화점 | **お客** [오꺄꾸] 손님 | **京都** [쿄-또] 교토 〈지명〉
どう ろ　　　　　　　　　　　　　　　　　　きゃく　　　　　　　　きょう と

観光客 [캉꼬-꺄꾸] 관광객
かんこうきゃく

A 山本さん、最近 どうですか。
야마모또 상   사이낑 도-데스까

引っ越して、通勤は 楽に なりましたか。
힉꼬시떼   츠-낑와 라꾸니 나리마시따 까

B 乗り換えを しなくても いいんです。
노리까에오 시나꾸떼모 이 인 데스

それで、楽に なりました。
소레데   라꾸니 나리마시따

A そうですか。今は 地下鉄で 通って いますからね。
소-데스까   이마와 치까떼쯔데   카욧 떼 이마스 까라네

通勤時間は どうですか。
츠-낑지깡와 도-데스까

B 前より 30分 短く なりました。
마에 요리 산쥽 뽕 미지까꾸 나리마시따

でも、やっぱり 地下鉄の 中は 人で 込んで います。
데모   얍 빠리 치까떼쯔노 나까와 히또데   콘 데 이마스

A 地下鉄の ラッシュアワーは 東京の 名物ですよ。
치 까 떼쯔노   랏 슈 아와 - 와 토-꾜- 노 메-부쯔데 스 요

✿ 새로운 단어

引っ越す [힉꼬스] 이사하다 | **通勤** [츠-낑] 통근, 출퇴근 | **楽だ** [라꾸다] 편하다 | **乗り換え** [노리까에] 환승

それで [소레데] 그래서 | **やっぱり** [얍빠리] 역시

A 야마모토 씨, 요새 어떻습니까?

이사해서 출퇴근은 편해졌습니까?

B 환승을 하지 않아도 되거든요.

그래서 편해졌습니다.

A 그렇습니까? 지금은 지하철로 다니고 있으니까요.

통근 시간은 어떻습니까?

B 전보다 30분 짧아졌습니다.

하지만, 역시 지하철 안은 사람으로 붐빕니다.

A 지하철 러시아워는 도쿄에서 유명하지요.

01 楽に なりました。 편해졌습니다.

한 상태에서 다른 상태로 '변화'를 나타낼 때는 なる 라는 동사를 씁니다. な형용사에 なる를 접속할 때는 어미 だ를 빼고 어간에 〜に なる를 연결하여 만듭니다. (楽だ → 楽に なる)

A その 歌手は 韓国で 有名な 歌手ですか。 그 가수는 한국에서 유명한 가수입니까?

B 最近、有名に なりました。 최근에 유명해졌습니다.

02 乗り換えを しなくても いいんです。 환승을 하지 않아도 되거든요.

그룹별 동사의 ない형에 〜なくても いいです를 연결하면 '~하지 않아도 좋습니다'라는 '허가, 허용'을 나타내는 표현이 됩니다. 〜です 앞에 ん을 넣어 〜んです라고 하면 '~거든요'라는 덧붙여 설명하는 의미가 추가됩니다. ☞ 동사 그룹별 ない형 활용은 22~24P 참고

A 名前は 漢字で 書かなければ なりませんか。 이름은 한자로 써야 합니까?

B いいえ、漢字で 書かなくても いいんです。 아니요, 한자로 쓰지 않아도 됩니다.

03 前より 30分 短く なりました。 전보다 30분 짧아졌습니다.

い형용사에 なる를 접속할 때는 어미 い를 빼고 어간에 〜く なる를 연결합니다.
(短い → 短く なる)

A キムチが 昨日より おいしく なりました。 김치가 어제보다 맛있어졌습니다.

B そうですね。ラーメンと 一緒に 食べましょう。 그러네요. 라면과 같이 먹읍시다.

✱ 새로운 단어 ────────────────────────

歌手 [카슈] 가수 | 韓国 [캉꼬꾸] 한국 | 有名だ [유-메-다] 유명하다 | 漢字 [칸지] 한자 | ラーメン [라-멩] 라면

연습 문제

1 보기와 같이 제시된 단어를 활용하여 문장 연습을 해 보세요. >> 정답 190P

예 地下鉄(ち か てつ)

A 会社(かいしゃ)まで 何(なに)で 通(かよ)って いますか。 회사까지 무엇으로 다니고 있습니까?

B 地下鉄(ち か てつ)で 通(かよ)って います。 지하철로 다니고 있습니다.

---

① 市内(し ない)バス

A 会社(かいしゃ)まで 何(なに)で 通(かよ)って いますか。 회사까지 무엇으로 다니고 있습니까?

B   通(かよ)って います。 시내버스로 다니고 있습니다.

② 電車(でんしゃ)

A 会社(かいしゃ)まで 何(なに)で 通(かよ)って いますか。 회사까지 무엇으로 다니고 있습니까?

B   通(かよ)って います。 전차로 다니고 있습니다.

③ 自分(じ ぶん)の 車(くるま)

A 会社(かいしゃ)まで 何(なに)で 通(かよ)って いますか。 회사까지 무엇으로 다니고 있습니까?

B   通(かよ)って います。 제 자동차로 다니고 있습니다.

✿ 새로운 단어

市内(し ない)バス [시나이바스] 시내버스

연습 문제

2 보기와 같이 제시된 단어를 활용하여 문장 연습을 해 보세요. >> 정답 191P

> 예 **道路 / 車**
>
> A 道路は 車で 込んで います。 도로는 차로 붐빕니다.
> B 週末ですから。 주말이니까요.

① **公園 / 人**

A ＿＿＿＿＿＿＿ は ＿＿＿＿＿＿＿ で 込んで います。
공원은 사람으로 붐빕니다.

B 週末ですから。 주말이니까요.

② **ショッピングセンター / お客**

A ＿＿＿＿＿＿＿ は ＿＿＿＿＿＿＿ で 込んで います。
쇼핑 센터는 손님으로 붐빕니다.

B 週末ですから。 주말이니까요.

③ **京都 / 観光客**

A ＿＿＿＿＿＿＿ は ＿＿＿＿＿＿＿ で 込んで います。
교토는 관광객으로 붐빕니다.

B 週末ですから。 주말이니까요.

✽ 새로운 단어
公園 [코-엥] 공원 ｜ **ショッピングセンター** [숍빙구쎈따-] 쇼핑 센터

전차 시간

　일본의 전차*는 시간이 정확하기 때문에 통근, 통학 등의 이용도 포함하여 높은 신뢰성을 가지고 있습니다. 도카이도 신칸센의 연평균 지연 시간은 24초입니다. 또한 지하철이 30초 빨리 출발했다고 클레임이 들어오거나, 수십 초 빨리 출발한 일에 대해 사죄문을 발표한 적도 과거에 있었습니다. 전차가 늦어져서 사죄하는 일은 있어도, 빨리 출발해서 사죄하는 일은 세계적으로 봐도 별로 없는 일일 겁니다.

＊ 전차는 일본어로 電車^{でんしゃ}라고 하며, 지하철(地下鉄^{ち か てつ}), 신칸센(新幹線^{しんかんせん})을 포함한 각종 열차를 말합니다.

도카이도 신칸센(東海道 新幹線)

신칸센 시간표

☞ UNIT 07 일본어 칼럼 원문 217P

体調 몸상태
<ruby>体<rt>たい</rt></ruby><ruby>調<rt>ちょう</rt></ruby>

01

042

疲れて いますか。 피곤합니까?
<ruby>疲<rt>つか</rt></ruby>れて いますか。

疲れる는 '피곤하다'라는 뜻의 상태동사로 한국어의 쓰임과 다르니 주의해야 합니다. '피곤합니까?'는 疲れますか라고 하지 않고 疲れて いますか라고 해야 합니다. 疲れて いる는 현재 피곤한 상태가 유지되고 있다는 뜻입니다. '피곤하지 않습니다'는 疲れて いません이라고 합니다.

A 疲れて いますか。 피곤합니까?

B そうなんです。最近、出張に 行ったり、残業が あったり して…。
맞아요. 요새 출장을 가기도 하고 잔업이 있기도 해서….

표현 연습 빈칸에 제시된 단어를 넣어 말해 보세요. >> 정답 191P

예
風邪を ひいて
<ruby>風<rt>か</rt></ruby><ruby>邪<rt>ぜ</rt></ruby>を ひいて
(風邪を ひいて) います。
감기에 걸렸습니다.

①
お腹が すいて
お<ruby>腹<rt>なか</rt></ruby>が すいて
(   ) います。
배가 고픕니다.

②
のどが かわいて
(   ) います。
목이 마릅니다.

✱ 새로운 단어

<ruby>疲<rt>つか</rt></ruby>れる [츠까레루] 지치다, 피로해지다 | <ruby>出<rt>しゅっ</rt></ruby><ruby>張<rt>ちょう</rt></ruby> [슛쵸-] 출장 | <ruby>残<rt>ざん</rt></ruby><ruby>業<rt>ぎょう</rt></ruby> [장교-] 잔업

お<ruby>腹<rt>なか</rt></ruby>がすく [오나까가스꾸] 배가 고프다 | のどがかわく [노도가카와꾸] 목이 마르다

02 最近、出張に 行ったり、残業が あったり して…。

043

요새 출장을 가기도 하고 잔업이 있기도 해서….

'~하기도 하고'라는 행위를 열거하는 표현은 동사의 た형에 ～たり(～だり)를 붙여 만듭니다.

(行く＋ったり → 行ったり) ☞ 동사 그룹별 た형 활용은 22～25P 참고

A 最近、出張に 行ったり、残業が あったり して…。

요새 출장을 가기도 하고 잔업이 있기도 해서….

B 忙しかったんですね。바빴군요.

표현 연습 빈칸에 제시된 단어를 넣어 말해 보세요. >> 정답 191P

예

鼻水が 出たり / せきが 出たり

(鼻水が 出たり)、(せきが 出たり)

콧물이 나오기도 하고, 기침이 나오기도 하고

①

ビタミンを 飲んだり / 運動を したり

( )、( )

비타민을 먹기도 하고, 운동을 하기도 하고

②

家で 休んだり / 音楽を 聞いたり

( )、( )

집에서 쉬기도 하고, 음악을 듣기도 하고

✿ 새로운 단어

忙しい [이소가시-] 바쁘다 | 鼻水 [하나미즈] 콧물 | 出る [데루] 나가다, 나오다 | せき [세끼] 기침

ビタミンを 飲む [비따밍오노무] 비타민을 먹다 | 運動をする [운도-오스루] 운동을 하다 | 家 [이에] 집

休む [야스무] 쉬다 | 音楽 [옹가꾸] 음악 | 聞く [키꾸] 듣다, 묻다

A ミンスさん、顔色が 悪いですよ。どうしたんですか。
민 수 상　카오이로가 와루이데스요　도-시 딴 데스까

B 少し、頭が 痛いんです。
스꼬시　아따마가 이따 인 데스

A 疲れて いますか。
츠까레떼 이마스까

B そうなんです。最近、出張に 行ったり、
소- 난 데스　사이낑　슛쵸-니 잇 따리

残業が あったり して…。
장교-가　앗 따리 시떼

A 忙しかったんですね。
이소가시 깟 딴 데스네

週末は、ゆっくり 休んだ ほうが いいですよ。
슈-마쯔 와　육꾸리 야슨 다 호- 가 이- 데스요

B そうします。ありがとうございます。
소- 시마스　아리가또- 고자이마스

✿ 새로운 단어

顔色 [카오이로] 얼굴색 | **悪い** [와루이] 나쁘다 | **少し** [스꼬시] 조금 | **頭** [아따마] 머리 | **痛い** [이따이] 아프다

ゆっくり [육꾸리] 느긋하게, 푹, 천천히

A 민수 씨, 얼굴색이 안 좋아요. 무슨 일입니까?

B 조금, 머리가 아프거든요.

A 피곤합니까?

B 맞아요. 요새 출장을 가기도 하고 잔업이 있기도 해서….

A 바빴군요. 주말에는 푹 쉬는 게 좋겠어요.

B 그렇게 하겠습니다. 고맙습니다.

문법 더하기

01 頭^{あたま}が 痛^{いた}いんです。 머리가 아프거든요.

い형용사의 보통형에 ～んです를 붙이면 '~거든요'와 같이 강조, 감탄, 변명, 확인 등 관심을 표현하는 회화적 표현이 됩니다. 痛^{いた}いんです는 痛^{いた}いです와 똑같이 '아픕니다'라는 뜻이지만, ん이 ～です 앞에 붙어 상황을 좀 더 구체적으로 설명하거나 강조하는 느낌을 줍니다. 痛^{いた}いは い형용사의 보통형 현재 긍정형입니다. ☞ 품사별 보통형은 30~31P 참고

A 元気^{げんき}が ないですね。 どうしたんですか。 기운이 없네요. 무슨 일입니까?

B 体^{からだ}の 調子^{ちょうし}が 悪^{わる}いんです。 몸상태가 나쁘거든요.

✦ ～んです는 보통형과 접속하지만 명사는 「명사＋なんです」가 되고, な형용사의 현재긍정형은 어미 だ를 な로 바꾸고 ～んです를 접속합니다.

　• 명사　　韓国人^{かんこくじん} → 韓国人^{かんこくじん}なんです。 한국인이거든요.

　• な형용사　大変^{たいへん}だ → 大変^{たいへん}なんです。 힘들거든요.

02 忙^{いそが}しかったんですね。 바빴군요.

忙^{いそが}しかったは い형용사의 보통형 과거긍정형입니다. ～んです와 결합하면 상황을 구체적으로 나타내는 어감을 줍니다. 이 문장에서는 상대에게 동의를 나타내는 조사 ね와 함께 쓰여서 '바빴군요(바빠서 그랬던 거군요)'라고 해석합니다.

A 最近^{さいきん}、 忙^{いそが}しかったんですね。 来週^{らいしゅう}も 忙^{いそが}しいですか。

　요새 바빴군요. 다음 주도 바쁩니까?

B いいえ、 来週^{らいしゅう}は ひまなんです。 아니요, 다음 주는 한가한데요.

✿ 새로운 단어

元気^{げんき}がない [겡끼가나이] 기운이 없다　|　体^{からだ} [카라다] 몸　|　調子^{ちょうし} [쵸-시] 상태　|　来週^{らいしゅう} [라이슈-] 다음 주

1 보기와 같이 제시된 단어를 활용하여 문장 연습을 해 보세요. >> 정답 191P

예 風邪を ひく

A どうしましたか。具合が 悪いんですか。 무슨 일입니까? 몸상태가 안 좋은가요?
B はい、風邪を ひいて います。 네, 감기에 걸렸습니다.

① めまいが する

A どうしましたか。具合が 悪いんですか。 무슨 일입니까? 몸상태가 안 좋은가요?
B はい、　　　　　　　　　 います。 네, 현기증이 납니다.

② 頭痛が する

A どうしましたか。具合が 悪いんですか。 무슨 일입니까? 몸상태가 안 좋은가요?
B はい、　　　　　　　　　 います。 네, 두통이 납니다.

③ 疲れる

A どうしましたか。具合が 悪いんですか。 무슨 일입니까? 몸상태가 안 좋은가요?
B はい、　　　　　　　　　 います。 네, 피곤합니다.

✳ 새로운 단어

具合が悪い [구아이가와루이] (몸)상태가 좋지 않다 ｜ **めまいがする** [메마이가스루] 현기증이 나다
頭痛がする [즈쯔-가스루] 두통이 나다

2 보기와 같이 제시된 단어를 활용하여 문장 연습을 해 보세요. >> 정답 191P

> 예 **出張に 行く / 残業を する**
>
> A どうして 疲れて いますか。 왜 피곤합니까?
>
> B 出張に 行ったり、残業を したり したんです。
> 출장을 가기도 하고, 잔업을 하기도 했거든요.

---

① **遅くまで はたらく / 日曜日も 出勤する**

　A どうして 疲れて いますか。 왜 피곤합니까?

　B 　　　　　　　　　　　　 、 　　　　　　　　　　　　 したんです。
　　늦게까지 일하기도 하고, 일요일도 출근하기도 했거든요.

② **レポートを 書く / 難しい 本を 読む**

　A どうして 疲れて いますか。 왜 피곤합니까?

　B 　　　　　　　　　　　　 、 　　　　　　　　　　　　 したんです。
　　리포트를 쓰기도 하고, 어려운 책을 읽기도 했거든요.

③ **料理を 作る / ふとんを ほす**

　A どうして 疲れて いますか。 왜 피곤합니까?

　B 　　　　　　　　　　　　 、 　　　　　　　　　　　　 したんです。
　　요리를 만들기도 하고, 이불을 널기도 했거든요.

✿ 새로운 단어 ─────

遅く [오소꾸] 늦게 ｜ **はたらく** [하따라꾸] 일하다 ｜ **日曜日** [니찌요-비] 일요일 ｜ **出勤する** [슉낑스루] 출근하다

レポート [레뽀-또] 리포트 ｜ **読む** [요무] 읽다 ｜ **ふとん** [후똥] 이불 ｜ **ほす** [호스] (빨래 등을) 말리다, 널다

파워냅(power nap) 효과

파워냅이란, 12시에서 15시 사이에 자는 15분에서 30분간의 낮잠을 뜻합니다. 여기에는 '집중력 향상', '스트레스 경감', '기억력 향상' 등의 효과가 있습니다. 이를 이용하여 점심 시간이나 오후 휴식 시간에 사원들이 쪽잠을 잘 수 있는 공간을 마련하여 작업 효율 향상을 꾀하는 회사도 있습니다. 파워냅의 요령은, '옆으로 눕지 않기', '너무 오래 자지 않기'입니다. 현대 사회에서 피로는 늘 따라오기 마련입니다. 그렇다면 잘 어울려 자신에게 맞는 휴식 습관을 찾아 가는 것이 중요할 것입니다.

☞ UNIT 08 일본어 칼럼 원문 217P

休暇の 計画 휴가 계획
きゅうか けいかく

048

01

北海道に 行く 予定です。 홋카이도에 갈 예정입니다.
ほっかいどう い よてい

'~을 할 예정입니다'라는 표현은 「동사의 기본형+予定です」입니다. 여행 계획을 세울 때 많이 쓰
よてい
는 표현입니다.

A ミンスさんは、何か 予定が ありますか。 민수 씨는 뭔가 예정이 있습니까?
なに よてい

B はい、北海道に 行く 予定です。 네, 홋카이도에 갈 예정입니다.
ほっかいどう い よてい

표현 연습 빈칸에 제시된 단어를 넣어 말해 보세요. >> 정답 192P

(예)

ホテルを 予約する
よやく

(ホテルを 予約する) 予定です。
よやく よてい

호텔을 예약할 예정입니다.

---

①

渋谷で 服を 買う
しぶや ふく か

( ) 予定です。
よてい

시부야에서 옷을 살 예정입니다.

---

②

11:00AM

11時の 飛行機に 乗る
じゅういちじ ひこうき の

( ) 予定です。
よてい

11시 비행기를 탈 예정입니다.

✿ 새로운 단어
北海道 [혹까이도-] 홋카이도 〈지명〉 | 予定 [요떼-] 예정 | 何か [나니까] 뭔가 | ホテル [호떼루] 호텔
ほっかいどう よてい なに
予約する [요야꾸스루] 예약하다 | 渋谷 [시부야] 시부야 〈지명〉 | 服 [후꾸] 옷
よやく しぶや ふく

02 ラベンダー畑が 見たいんです。 라벤더밭을 보고 싶거든요.

049

동사의 ます형에 ～たいです를 붙이면 그 동작을 '하고 싶습니다'라는 희망을 나타내는 표현이 됩니다. 'ます형'이란, 동사의 정중형 중 현재 긍정형(～ます) 앞에 붙는 말을 의미합니다. 見る (보다)가 見ます(봅니다)가 될 때, ます 앞의 見가 ます형입니다. ☞ 동사 그룹별 ます형 활용은 16～17P 참고

A 今回は 北海道の どこに 行きますか。 이번에는 홋카이도 어디에 갈 겁니까?

B 富良野に 行こうと 思います。ラベンダー畑が 見たいんです。
후라노에 가려고 생각합니다. 라벤더밭을 보고 싶거든요.

표현 연습 빈칸에 제시된 단어를 넣어 말해 보세요. >> 정답 192P

예
お寿司が 食べたい
(お寿司が 食べたい)んです。
초밥을 먹고 싶거든요.

①
美術館に 行きたい
( )んです。
미술관에 가고 싶거든요.

②
日本人と 話したい
( )んです。
일본인과 이야기하고 싶거든요.

✧ '~을/를 하고 싶다'라는 희망을 나타내는 표현을 할 때 한국어는 조사 '을/를'을 쓰지만, 일본어는 が를 씁니다. 단, を를 쓰는 경우도 있습니다. '~에 가고 싶다(～に 行きたい)', '~와 이야기하고 싶다(～と 話したい)' 등은 조사를 が로 바꾸지 않고 に나 と를 그대로 씁니다.

✳ 새로운 단어 ─────
ラベンダー畑 [라벤다-바따께] 라벤더밭 | **今回** [콩까이] 금회, 이번 | **どこ** [도꼬] 어디
富良野 [후라노] 후라노 〈지명〉 | **美術館** [비쥬쯔깡] 미술관 | **日本人** [니혼징] 일본인 | **話す** [하나스] 이야기하다

A 今週の 週末は 3連休ですね。
콘슈-노 슈-마쯔와 산렝뀨-데스네

ミンスさんは、何か 予定が ありますか。
민수상와 나니까 요떼-가 아리마스까

B はい、北海道に 行く 予定です。
하이 혹까이도-니 이꾸 요떼-데스

A 7月ですから、北海道は いいですね。
시찌가쯔데스까라 혹까이도-와 이-데스네

B そうですよね。学生時代 行った 時、とても 気に
소-데스요네 각세-지다이 잇따토끼 토떼모 키니

入ったんです。
잇 딴데스

A 今回は 北海道の どこに 行きますか。
콩까이와 혹까이도-노 도꼬니 이끼마스까

B 富良野に 行こうと 思います。
후라노니 이꼬-또 오모이마스

ラベンダー畑が 見たいんです。
라벤다-바따께가 미따인데스

✿ 새로운 단어

今週 [콘슈-] 이번 주 | 連休 [렝뀨-] 연휴 | 7月 [시찌가쯔] 7월 | 学生時代 [각세-지다이] 학생 시절

〜時 [토끼] ~때 | 気に入る [키니이루] 마음에 들다

A 이번 주 주말은 3일 연휴네요.

　　민수 씨는 뭔가 예정이 있습니까?

B 네, 홋카이도에 갈 예정입니다.

A 7월이니까 홋카이도 좋겠네요.

B 그렇죠. 학생 시절에 갔을 때 무척 마음에 들었거든요.

A 이번에는 홋카이도 어디에 갈 겁니까?

B 후라노에 가려고 생각합니다.

　　라벤더밭을 보고 싶거든요.

01 何^{なに}か 뭔가

'무엇(何^{なに}), 어디(どこ), 누구(誰^{だれ}), 언제(いつ)' 등 물어볼 때 쓰는 말을 '의문사'라고 합니다. 의문사에 か가 접속하면 「何^{なに}か(뭔가)」「どこか(어딘가)」등의 형태가 됩니다. 「의문사+か」의 형태로 이루어진 말들을 익혀 봅시다.

① 何^{なに}か

A 何^{なに}か 食^たべましょうか。 뭔가 먹을까요?

B そうですね。 うどんは どうですか。 글쎄요. 우동은 어떻습니까?

② 誰^{だれ}か

A 誰^{だれ}か 来^きますか。 누군가 옵니까?

B 誰^{だれ}も 来^きません。 아무도 안 옵니다.

02 富良野^{ふらの}に 行^いこうと 思^{おも}います。 후라노에 가려고 생각합니다.

「동사의 의지형+と 思^{おも}います」는 '~하려고 생각합니다'라는 뜻입니다.

A 休^{やす}みに 何^{なに}を しますか。 휴가에 무엇을 할 겁니까?

B エッフェル塔^{とう}を 見^みに 行^いこうと 思^{おも}って います。 에펠탑을 보러 가려고 생각하고 있습니다.

✧ 동사 그룹별 의지형은 다음과 같습니다.

3그룹) する → しよう, 来^くる → 来^こよう

2그룹) 어미 る를 빼고 よう를 붙입니다. 見^みる → 見^みよう

1그룹) 어미를 お단으로 바꾸고 う를 붙입니다. 行^いく → 行^いこう

✱ 새로운 단어

うどん [우동] 우동 ｜ **誰^{だれ}か** [다레까] 누군가 ｜ **誰^{だれ}も** [다레모] 아무도 ｜ **休^{やす}み** [야스미] 휴일, 휴가

エッフェル塔^{とう} [엣훼루또-] 에펠탑

1 보기와 같이 제시된 단어를 활용하여 문장 연습을 해 보세요. >> 정답 192p

> 예 北海道に 旅行に 行く
>
> A 休みに、何か 予定が ありますか。 휴가에 뭔가 예정이 있습니까?
> B 北海道に 旅行に 行く 予定です。 홋카이도에 여행 갈 예정입니다.

① サイクリングを する

A 休みに、何か 予定が ありますか。 휴가에 뭔가 예정이 있습니까?

B _____ 予定です。 사이클을 탈 예정입니다.

② 高校の 友達に 会う

A 休みに、何か 予定が ありますか。 휴가에 뭔가 예정이 있습니까?

B _____ 予定です。 고등학교 때 친구를 만날 예정입니다.

③ お菓子作りを 習う

A 休みに、何か 予定が ありますか。 휴가에 뭔가 예정이 있습니까?

B _____ 予定です。 베이킹을 배울 예정입니다.

✽ 새로운 단어 ─────────────────────

サイクリング [사이꾸링구] 사이클링 | **高校** [코-꼬-] 고교, 고등학교
お菓子作り [오까시즈꾸리] 과자 만들기, 베이킹 | **習う** [나라우] 배우다

2 보기와 같이 제시된 단어를 활용하여 문장 연습을 해 보세요. >> 정답 192p

예 **ラベンダー畑を 見る**

A 旅行に 行って、何が したいですか。여행 가서 무엇을 하고 싶습니까?

B ラベンダー畑が 見たいんです。라벤더밭을 보고 싶습니다.

---

① **温泉に 入る**

A 旅行に 行って、何が したいですか。여행 가서 무엇을 하고 싶습니까?

B 　　　　　　　　　んです。온천에 들어가고 싶습니다.

② **友達と 遊ぶ**

A 旅行に 行って、何が したいですか。여행 가서 무엇을 하고 싶습니까?

B 　　　　　　　　　んです。친구와 놀고 싶습니다.

③ **もみじを 見る**

A 旅行に 行って、何が したいですか。여행 가서 무엇을 하고 싶습니까?

B 　　　　　　　　　んです。단풍을 보고 싶습니다.

✿ 새로운 단어 ─────────────────────

温泉 [온셍] 온천 ｜ **遊ぶ** [아소부] 놀다 ｜ **もみじ** [모미지] 단풍, 단풍나무

공휴일

　일본에서 국가가 정하는 기본 공휴일은 연간 16일 있습니다. 어린이날(5월 5일)처럼 매년 고정으로 되어 있는 날과, 성인의 날(1월 둘째 주 월요일)처럼 특정 주의 월요일이 되는 날이 있습니다. 후자는 '해피 먼데이' 제도라고 해서, 기존의 고정 공휴일을 특정 주의 월요일이 되도록 법을 개정한 것입니다. 그 취지는, 주 5일 근무제*의 확대로 월요일도 공휴일로 지정함으로써 3일 연속 휴가로 하여, 여가를 보낼 수 있게 한다는 것입니다. 공휴일은 그 외에 대체 휴일이 정해져 있습니다. 그 조건은 '공휴일'이 일요일에 해당될 때, '그날 이후 가장 가까운 평일을 휴일로 한다'는 것입니다.

＊ 주 5일 근무제(週休二日制): 주 5일 근무제로 토요일, 일요일 연속으로 쉬는 것

왼쪽부터 헌법 기념일, 녹색의 날, 어린이날

성인의 날

☞ UNIT 09 일본어 칼럼 원문 218P

ネットショッピング
인터넷 쇼핑

054

01

レビューが よかったので 決めました。

리뷰가 좋아서 결정했습니다.

일본어로 리뷰는 レビュー, 댓글은 コメント라고 합니다. 「보통형＋ので」는 '~때문에/~(으)니까/~해서' 등 이유, 원인을 나타내는 표현입니다. 명사는 「명사＋なので」, な형용사의 현재긍정형은 어미 だ를 없애고 「な형용사 어간＋なので」로 활용합니다. ☞ 품사별 보통형은 30~31P 참고

A 上手に 買いましたね。 잘 샀네요.

B ちょっと 悩んだんですが、レビューが よかったので 決めました。
좀 고민했지만, 리뷰가 좋아서 결정했습니다.

표현 연습 빈칸에 제시된 단어를 넣어 말해 보세요. ≫ 정답 192P

예
送料が 安かった / 買いました

(送料が 安かった)ので (買いました)。

배송료가 싸서 샀습니다.

①
気に 入った / カートに 入れました

(　　　　　　　　)ので (　　　　　　　　)。

마음에 들어서 장바구니에 넣었습니다.

②
好きな 歌手 / いいねを 押しました

(　　　　　　　　)なので (　　　　　　　　)。

좋아하는 가수이기 때문에 '좋아요'를 눌렀습니다.

✱ 새로운 단어

レビュー [레뷰-] 리뷰 | **決める** [키메루] 결정하다 | **コメント** [코멘또] 코멘트, 댓글
上手だ [죠-즈다] 잘하다, 능숙하다 | **ちょっと** [춋또] 조금 | **悩む** [나야무] 고민하다, 괴로워하다
送料 [소-료-] 배송료 | **カート** [카-또] 카트, 손수레 | **いいね** [이-네] 좋아요 | **押す** [오스] 누르다

02

「お気に入り」に チェックして しまいました。

'마음에 들어요'에 체크하고 말았습니다.

인터넷 쇼핑을 할 때 나오는 '마음에 들어요(찜)'는 일본어로 お気に入り라고 합니다. 동사의 て 형에 〜て しまう를 붙이면 '~해 버리다/~하고 말다'라는 뜻이 됩니다. 어떤 일을 하고 난 뒤의 후회나, 유감스러운 감정을 나타낼 때 많이 씁니다. ☞ 동사 그룹별 て형 활용은 26~27P 참고

A あと 何個か カートに 入れて おきました。 그리고 몇 개인가 장바구니에 넣어 놨습니다.

B 実は、昨日 私も 何個か「お気に入り」に チェックして しまいました。
실은 어제 저도 몇개인가 '마음에 들어요'에 체크하고 말았습니다.

표현 연습 빈칸에 제시된 단어를 넣어 말해 보세요. ≫ 정답 193P

예
カートに 入れて
(カートに 入れて) しまいました。
장바구니에 넣고 말았습니다.

①
高い くつを 買って
(   ) しまいました。
비싼 구두를 사 버렸습니다.

②
カードを たくさん 使って
(   ) しまいました。
카드를 많이 써 버렸습니다.

✿ 새로운 단어

お気に入り [오끼니이리] 마음에 듦 | **チェックする** [첵꾸스루] 체크하다 | **あと** [아또] 그리고, 또
何個 [낭꼬] 몇 개 | **実は** [지쯔와] 실은 | **くつ** [쿠쯔] 구두, 신발 | **カード** [카-도] 카드

A 山本さん、これ 見て ください。
야마모또 상　코레 미떼 쿠다사이

　このかばん、ネットで 買ったんですが、
코노 카방　넷또데 캇 딴데스가

　気に 入って いるんです。
키니 잇떼이룬데스

B 上手に 買いましたね。
죠-즈니 카이마시따네

A ちょっと 悩んだんですが、レビューが よかったので
춋또 나얀 단데스가　레뷰-가 요 깟따노데

　決めました。
키메마시따

B やっぱり、レビューは よく 見た ほうが いいですよね。
얍빠리 레뷰-와 요꾸미따 호-가 이-데스요네

A あと 何個か カートに 入れて おきました。
아또 낭꼬까 카-또니 이레떼 오끼마시따

B 実は、昨日 私も 何個か 「お気に入り」に チェックして
지쯔 와　키노- 와따시모 낭꼬까　오끼니이리 니 쳌 꾸시떼

　しまいました。
시마이마시따

✽ **새로운 단어**

ネット [넷또] 인터넷(インターネット의 준말) | **よく** [요꾸] 잘, 자주

A 야마모토 씨, 이거 봐 주세요.

　이 가방, 인터넷에서 샀는데 마음에 들어요.

B 잘 샀네요.

A 좀 고민했지만, 리뷰가 좋아서 결정했습니다.

B 역시 리뷰는 잘 보는 게 좋지요.

A 그리고 몇 개인가 장바구니에 넣어 놨습니다.

B 실은 어제 저도 몇개인가 '마음에 들어요'에 체크하고 말았습니다.

01 これ 見て ください。 이거 봐 주세요.

동사의 て형에 ～て ください를 붙이면 '～해 주세요/～하세요'라는 말이 됩니다. 다른 이에게 행동을 요구, 지시할 때 씁니다.

A すみません、ちょっと ゆっくり 話して ください。 죄송합니다. 좀 천천히 말해 주세요.

B はい、わかりました。 네, 알겠습니다.

02 気に 入って いるんです。 마음에 들어요.

気に 入る는 '마음에 들다'라는 뜻입니다. 入る는 예외 1그룹 동사로 入ります로 활용합니다. 気に 入る는 한국어 시제와 달리 쓰이니 주의해야 합니다. 선물 등을 보고 '마음에 들어요'라고 할 때는 気に 入りました처럼 ～ました를 사용합니다. 또한 '마음에 든 상태로 있어요'라는 의미로 気に 入って います라고도 합니다.

A 誕生日 プレゼント、気に 入りましたか。 생일 선물 마음에 듭니까?

B すごく 気に 入って いるんです。 너무 마음에 들어요.

03 カートに 入れて おきました。 장바구니에 넣어 두었습니다.

동사의 て형에 ～て おく를 연결하면 '～해 놓다/～해 두다'라는 의미가 됩니다. 미리 준비한다는 뜻입니다.

A 食事の 準備を して おきました。 식사 준비를 해 두었습니다.

B ありがとう ございます。 감사합니다.

✱ 새로운 단어

すみません [스미마셍] 미안합니다 | **プレゼント** [푸레젠또] 프레젠트, 선물 | **食事** [쇼꾸지] 식사

1 보기와 같이 제시된 단어를 활용하여 문장 연습을 해 보세요. >> 정답 193P

> 예 レビュー / いい / これに 決^きめる
>
> A どうして それに しましたか。 왜 그것으로 했습니까?
>
> B レビューが よかったので これに 決^きめました。
> 리뷰가 좋아서 이것으로 정했습니다.

① アンチコメント / 全然^{ぜんぜん} ない / これを 選^{えら}ぶ

A どうして それに しましたか。 왜 그것으로 했습니까?

B ＿＿＿＿＿＿＿＿＿＿が ＿＿＿＿＿＿＿＿＿＿ので ＿＿＿＿＿＿＿＿＿＿。
악플이 전혀 없어서 이것을 골랐습니다.

② 送料^{そうりょう} / 無料^{むりょう}だ / これに する

A どうして それに しましたか。 왜 그것으로 했습니까?

B ＿＿＿＿＿＿＿＿＿＿が ＿＿＿＿＿＿＿＿＿＿ので ＿＿＿＿＿＿＿＿＿＿。
배송료가 무료라서 이것으로 했습니다.

③ いい コメント / 多^{おお}い / この スカートを 買^かう

A どうして それに しましたか。 왜 그것으로 했습니까?

B ＿＿＿＿＿＿＿＿＿＿が ＿＿＿＿＿＿＿＿＿＿ので ＿＿＿＿＿＿＿＿＿＿。
좋은 댓글이 많아서 이 스커트를 샀습니다.

✱ 새로운 단어 ─────────

アンチコメント [안찌코멘또] 안티 코멘트, 악플 | **選^{えら}ぶ** [에라부] 고르다 | **無料^{むりょう}だ** [무료-다] 무료이다

スカート [스까-또] 스커트, 치마

2 보기와 같이 제시된 단어를 활용하여 문장 연습을 해 보세요. >> 정답 193P

> 예 服 / たくさん 買う
>
> A どうしましたか。무슨 일입니까?
> B 服を たくさん 買って しまいました。옷을 많이 사 버렸습니다.

① カード / たくさん 使う

A どうしましたか。무슨 일입니까?

B ＿＿＿＿＿＿＿＿ を ＿＿＿＿＿＿＿＿ しまいました。
카드를 많이 쓰고 말았습니다.

② お気に入り / 押す

A どうしましたか。무슨 일입니까?

B ＿＿＿＿＿＿＿＿ を ＿＿＿＿＿＿＿＿ しまいました。
'마음에 들어요'를 눌러 버렸습니다.

③ アンチコメント / 書く

A どうしましたか。무슨 일입니까?

B ＿＿＿＿＿＿＿＿ を ＿＿＿＿＿＿＿＿ しまいました。
악플을 쓰고 말았습니다.

칼럼

통신 판매

일본의 통신 판매는 1876년에 농업학자인 쓰다 센(津田仙)이 『농업 잡지』에서 식물의 종자를 판매한 것이 시작입니다. 1871년 국영 우편 제도 발족이 계기가 되었습니다. 그 후 백화점에서도 통신 판매가 이루어지게 되었습니다. 정보의 매체가 변해감에 따라 전화 홈쇼핑, 텔레비전 홈쇼핑, 인터넷 쇼핑으로 확장되어 지금에 이르렀습니다. 최근에는 해외 상품까지도 인터넷 쇼핑으로 살 수 있게 된 것은 일본도 한국도 마찬가지인 듯합니다.

☞ UNIT 10 일본어 칼럼 원문 218P

オンライン講座
온라인 강좌

01
時間的負担も ないし、受講料も 高く ないし。

🎧060

시간적 부담도 없고, 수강료도 비싸지 않고.

「〜し(〜고)」는 열거를 나타내는 표현입니다. 단순 열거가 아니라, '게다가, 또한'이라는 의미가 들어가 있어 내용을 첨가하며 열거할 때 씁니다. 각 품사의 보통형에 접속합니다. ☞ 품사별 보통형은 30~31P 참고

A オンラインカルチャーセンターは どうですか。온라인 문화센터는 어떻습니까?
　　時間的負担も ないし、受講料も 高く ないし。시간적 부담도 없고, 수강료도 비싸지 않고.

B オンライン講座が ありますか。온라인 강좌가 있습니까?

표현 연습 빈칸에 제시된 단어를 넣어 말해 보세요. ≫ 정답 193P

예
　音楽も すてきだ / 内容も いい

　(音楽も すてきだ)し、(内容も いい)し。

　음악도 멋지고, 내용도 좋고.

①
　お金も ない / 友達も いない

　(　　　　　　　)し、(　　　　　　　)し。

　돈도 없고, 친구도 없고.

②
　ごはんも 食べない / 水も 飲まない

　(　　　　　　　)し、(　　　　　　　)し。

　밥도 안 먹고, 물도 안 마시고.

✱ 새로운 단어

時間的 [지깡떼끼] 시간적 ｜ **負担** [후땅] 부담 ｜ **ない** [나이] 없다 ｜ **受講料** [쥬꼬-료-] 수강료

オンライン [온라잉] 온라인 ｜ **カルチャーセンター** [카루챠-센따-] 컬처센터, 문화센터 ｜

オンライン講座 [온라잉코-자] 온라인 강좌 ｜ **すてきだ** [스떼끼다] 멋지다, 근사하다 ｜ **内容** [나이요-] 내용

お金 [오까네] 돈

02 **親子ヨガの プログラムを した ことが あります。** 🎧061

'부모와 함께 하는 요가' 프로그램을 한 적이 있습니다.

「동사의 た형+た ことが あります」는 '~한 적이 있습니다'라는 뜻으로 경험의 유무를 나타냅니다.

☞ 동사 그룹별 た형 활용은 22~25P 참고

A オンライン講座が ありますか。 온라인 강좌가 있습니까?

B はい、親子ヨガの プログラムを した ことが あります。
　　 네, '부모와 함께 하는 요가' 프로그램을 한 적이 있습니다.

표현 연습 빈칸에 제시된 단어를 넣어 말해 보세요. ≫ 정답 193P

예
日本に 行った
(日本に 行った) ことが あります。
일본에 간 적이 있습니다.

①
オンライン講座に 参加した

(　　　　　　　　　　) ことが あります。
온라인 강좌에 참가한 적이 있습니다.

②
日本の 歌を 聞いた

(　　　　　　　　　　) ことが あります。
일본 노래를 들은 적이 있습니다.

✹ 새로운 단어
親子 [오야꼬] 부모와 자식 | **ヨガ** [요가] 요가 | **プログラム** [푸로구라무] 프로그램
参加する [상까스루] 참가하다 | **歌** [우따] 노래

A　ヨガを 習いたいんですが、時間が ないんです。
　　요 가 오 나라이 따 인 데 스 가　지 깡 가 나 인 데 스

B　それなら、オンラインカルチャーセンターは どうですか。
　　소 레 나 라　온 라 잉 카 루 챠 - 센 따 - 와 도 - 데 스 까

　　時間的負担も ないし、受講料も 高く ないし。
　　지 깡 떼 끼 후 땀 모 나 이 시　쥬 꼬 료 - 모 타 까 꾸 나 이 시

A　オンライン 講座が ありますか。
　　온 라 잉 코 - 자 가 아 리 마 스 까

B　はい、親子ヨガの プログラムを した ことが あります。
　　하 이　오 야 꼬 요 가 노 푸 로 구 라 무 오 시 따 코 또 가 아 리 마 스

A　そうですか。早速 調べて 申し込んで みます。
　　소 - 데 스 까　삿 쏘 꾸 시 라 베 떼 모 - 시 꼰 데 미 마 스

★ 새로운 단어

それなら [소레나라] 그렇다면, 그러면　|　**早速** [삿쏘꾸] 즉시, 조속히　|　**調べる** [시라베루] 알아보다, 조사하다

申し込む [모-시꼬무] 신청하다

A 요가를 배우고 싶은데요, 시간이 없어요.

B 그렇다면 온라인 문화센터는 어떻습니까?
  시간적 부담도 없고, 수강료도 비싸지 않고.

A 온라인 강좌가 있습니까?

B 네, '부모와 함께 하는 요가' 프로그램을 한 적이 있습니다.

A 그렇습니까? 빨리 찾아서 신청해 보겠습니다.

01 **それなら、オンラインカルチャーセンターは どうですか。**

그렇다면 온라인 문화센터는 어떻습니까?

それなら는 '그렇다면'이란 뜻으로, 상대방의 말을 듣고 본인의 의견을 이어 말할 때 쓰는 접속사입니다.

A ああ、疲れました。아, 피곤합니다.

B それなら、ちょっと 休みましょう。그렇다면, 좀 쉽시다.

02 **早速 調べて 申し込んで みます。** 빨리 찾아서 신청해 보겠습니다.

早速는 '즉시, 빨리'란 뜻입니다. 調べる는 '조사하다', 申し込む는 '신청하다'라는 뜻입니다. 「동사의 て형+て みる」는 '~해 보다'라는 '시도'를 나타내는 말입니다.

A なっとうを 食べた ことが ありますか。낫토를 먹어 본 적이 있습니까?

B いいえ、でも 食べて みます。아니요, 하지만 먹어 보겠습니다.

✱ 새로운 단어 ─────

なっとう [낫또-] 낫토

연습 문제

1 보기와 같이 제시된 단어를 활용하여 문장 연습을 해 보세요. >> 정답 193P

예 **時間的負担も ない / 安い**

A どうして この オンラインカルチャーセンターが 人気が あるんですか。
왜 이 온라인 문화센터가 인기가 있는 겁니까?

B **時間的負担も ないし、安いからです。** 시간적 부담도 없고, 싸기 때문입니다.

① **講師が いい / 時間が 自由だ**

A どうして この オンラインカルチャーセンターが 人気が あるんですか。
왜 이 온라인 문화센터가 인기가 있는 겁니까?

B ＿＿＿＿＿＿＿＿＿＿ し、＿＿＿＿＿＿＿＿＿＿ からです。
강사가 좋고, 시간이 자유롭기 때문입니다.

② **説明が 上手だ / 無料だ**

A どうして この オンラインカルチャーセンターが 人気が あるんですか。
왜 이 온라인 문화센터가 인기가 있는 겁니까?

B ＿＿＿＿＿＿＿＿＿＿ し、＿＿＿＿＿＿＿＿＿＿ からです。
설명을 잘하고, 무료이기 때문입니다.

③ **授業時間が 週末だ / 家で できる**

A どうして この オンラインカルチャーセンターが 人気が あるんですか。
왜 이 온라인 문화센터가 인기가 있는 겁니까?

B ＿＿＿＿＿＿＿＿＿＿ し、＿＿＿＿＿＿＿＿＿＿ からです。
수업 시간이 주말이고, 집에서 할 수 있기 때문입니다.

✿ 새로운 단어

人気 [닝끼] 인기 | **講師** [코-시] 강사 | **自由だ** [지유-다] 자유롭다 | **説明** [세쯔메-] 설명
授業時間 [쥬교-지깡] 수업 시간 | **できる** [데끼루] 생기다, 할 수 있다

연습 문제

2 보기와 같이 제시된 단어를 활용하여 문장 연습을 해 보세요. >> 정답 194P

예 親子ヨガを する

A オンラインカルチャーセンターで 何を した ことが ありますか。
온라인 문화센터에서 무엇을 한 적이 있습니까?

B 親子ヨガを した ことが あります。 '부모와 함께 하는 요가'를 한 적이 있습니다.

① ホームベーカリーの 授業を 受ける

A オンラインカルチャーセンターで 何を した ことが ありますか。
온라인 문화센터에서 무엇을 한 적이 있습니까?

B _____ ことが あります。 홈베이커리 수업을 들은 적이 있습니다.

② 英会話を 習う

A オンラインカルチャーセンターで 何を した ことが ありますか。
온라인 문화센터에서 무엇을 한 적이 있습니까?

B _____ ことが あります。 영어 회화를 배운 적이 있습니다.

③ ピラティスを 経験する

A オンラインカルチャーセンターで 何を した ことが ありますか。
온라인 문화센터에서 무엇을 한 적이 있습니까?

B _____ ことが あります。 필라테스를 경험한 적이 있습니다.

✸ 새로운 단어 ────────

ホームベーカリー [호-무베-까리-] 홈베이커리 ｜ **受ける** [우께루] (물건을) 받다, (수업 등을) 받다
英会話 [에-까이와] 영어 회화 ｜ **ピラティス** [피라티스] 필라테스 ｜ **経験する** [케-껜스루] 경험하다

자신다운 인생이란

　고용 제도나 여성의 사회 진출, 고령화 사회 같은 사회의 변화에 따라 '커리어 디자인', '다시 배우기'라는 말이 많이 들리게 되었습니다.

　'커리어 디자인'이란 자신이 장래에 어떤 일을 하고 삶의 방식을 가지고 싶은지, 비전을 명확하게 한 후에 행동으로 옮기는 것을 말합니다. '다시 배우기'란 학교를 졸업하고 취직하여 사회인이 되어서 얼추 일을 익힌 후, 또다시 직업과 관련된 새로운 전문 지식이나 기술을 공부하는 것을 말합니다. 그 방법은 대학이나 대학원에 다니기, 온라인 강좌, 세미나 참가 등 다양합니다.

☞ UNIT **11** 일본어 칼럼 원문 218P

価格を 聞く・答える
가격 묻고 답하기

066

01 **この 赤いのは おいくらですか。** 이 빨간 것은 얼마입니까?

い형용사는 바로 뒤의 명사를 수식하는 기능이 있습니다. 예를 들어, 赤い かばん은 '빨간 가방'이 됩니다. 赤いの는 い형용사 뒤에 의존명사 「〜の(~것)」가 온 경우입니다. 赤いの는 '빨간 것'이라는 뜻이 됩니다. '얼마입니까?'는 おいくらですか라고 합니다. お는 공손의 의미를 나타내는 말로 생략할 수 있습니다.

A この 赤いのは おいくらですか。이 빨간 것은 얼마입니까?

B そちらは、8万円です。그것은 8만 엔입니다.

표현 연습 빈칸에 제시된 단어를 넣어 말해 보세요. >> 정답 194P

예 **その 青い**

(その 青い) のは おいくらですか。

그 파란 것은 얼마입니까?

① **この 白い**

(   ) のは おいくらですか。

이 하얀 것은 얼마입니까?

② **あの 黒い**

(   ) のは おいくらですか。

저 검은 것은 얼마입니까?

✿ 새로운 단어

赤い [아까이] 빨갛다 | いくら [이꾸라] 얼마 | そちら [소찌라] 그쪽 | 万 [망] 만 | 〜円 [엔] ~엔

青い [아오이] 파랗다 | 白い [시로이] 하얗다 | 黒い [쿠로이] 검다

02

スーツケースと 一緒なら、50パーセント引きです。

여행 가방과 함께라면 50% 할인입니다.

067

「명사+なら」는 '~라면'이라는 뜻의 가정형을 만드는 표현입니다. ～なら는 '~한 조건이라면'의 뜻으로 쓰이며, 다른 이의 의견이나 생각을 듣고서 본인의 생각이나 의견을 말할 때도 사용합니다.

A スーツケースと一緒なら、50パーセント引きです。

여행 가방과 함께라면 50% 할인입니다.

B そうですか。그렇습니까?

표현 연습 빈칸에 제시된 단어를 넣어 말해 보세요. >> 정답 194P

예 **アダプター / 30パーセント引き**

(アダプター)なら、(30パーセント引き)です。

어댑터라면 30% 할인입니다.

---

①

充電器 / 40パーセント引き

(   )なら、(   )です。

충전기라면 40% 할인입니다.

---

② **パスポートケース / 10パーセント引き**

(   )なら、(   )です。

여권 케이스라면 10% 할인입니다.

🍀 새로운 단어

スーツケース [스-쯔케-스] 여행 가방 │ **一緒** [잇쇼] 함께 │ **パーセント** [파-센또] 퍼센트

～引き [비끼] (값을) 깎음 │ **アダプター** [아다뿌따-] 어댑터 │ **充電器** [쥬-뎅끼] 충전기

パスポートケース [파스뽀-또케스-] 여권 케이스

A いらっしゃいませ。何を お探しでしょうか。
이 랏 샤 이마세 나니오 오사가시데 쇼 - 까

B スーツケースを 探して います。
스 - 쯔케 - 스오 사가시 떼 이마스

この 赤いのは おいくらですか。
코 노 아까이노와 오 이꾸라데스 까

A そちらは、8万円です。
소 찌 라 와 하찌망 엔데 스

B この 機内用かばんは おいくらですか。
코 노 키 나이요- 카 방 와 오 이 꾸라데스 까

A 5万円ですが、スーツケースと 一緒なら、
고 망 엔 데 스 가 스 - 쯔 케 - 스 또 잇 쇼 나 라

50パーセント引きです。
고 줍 빠 - 센 또 비 끼 데 스

B そうですか。では、この スーツケースと
소 - 데 스 까 데 와 코 노 스 - 쯔 케 - 스 또

機内用かばんを ください。
키 나이요- 카 방 오 쿠 다 사 이

A はい、10万 5千円に なります。ありがとうございます。
하 이 쥬- 망 고 셍엔니 나 리 마 스 아 리 가 또 - 고 자 이 마 스

❀ 새로운 단어

いらっしゃいませ [이랏샤이마세] 어서 오세요 | 探す [사가스] 찾다 | 機内用かばん [키나이요-카방] 기내용 가방

では [데와] 그러면

A 어서 오세요. 무엇을 찾으십니까?

B 여행 가방을 찾고 있습니다.

이 빨간 것은 얼마입니까?

A 그것은 8만 엔입니다.

B 이 기내용 가방은 얼마입니까?

A 5만 엔입니다만, 여행 가방과 함께라면 50% 할인입니다.

B 그렇습니까? 그럼, 이 여행 가방과 기내용 가방을 주세요.

A 네, 10만 5천 엔이 되겠습니다. 감사합니다.

01 スーツケースを 探^{さが}して います。 여행 가방을 찾고 있습니다.

スーツケース는 '슈트 케이스', 즉 여행용 가방(캐리어 가방)을 뜻합니다. 探^{さが}す는 '찾다'라는 뜻으로 물건, 장소 등을 조사하거나 물어서 찾을 때 쓰는 말입니다.

A 何^{なに}を して いますか。 무엇을 하고 있습니까?

B パスポートを 探^{さが}して います。たしか、ここに 入^いれて おいたのに…。
　 여권을 찾고 있습니다. 분명, 여기에 넣어 뒀는데….

02 10万^{じゅうまん} 5千円^{ご せんえん}に なります。 10만 5천 엔이 되겠습니다.

「명사+に なる」는 상태나 신분의 변화를 나타내는 말입니다. 예를 들어, ピアニストに なる는 명사 ピアニスト에 ~に なる가 결합한 말로, '피아니스트가 되다'로 해석하며 피아니스트가 아닌 상태에서 피아니스트로 변화했다는 뜻이 됩니다. 10万^{じゅうまん} 5千円^{ご せんえん}に なる는 명사 10万^{じゅうまん} 5千円^{ご せんえん}에 ~に なる가 결합한 말로, '10만 5천 엔이 되다'라는 뜻으로 가격이 변화했음을 나타냅니다.

A 値段^{ね だん}が 安^{やす}く なりましたね。 가격이 싸졌네요.

B はい、セールで、一万円^{いちまんえん}だった 服^{ふく}が 6000円^{ろくせん えん}に なりました。
　 네, 세일로 만 엔이었던 옷이 6000엔이 되었습니다.

❋ 새로운 단어

たしか [타시까] 아마, 분명 | **ピアニスト** [피아니스또] 피아니스트 | **セール** [세-루] 세일

1 보기와 같이 제시된 단어를 활용하여 문장 연습을 해 보세요. >> 정답 194P

> 예 この 赤い / 5000円
>
> A これは おいくらですか。 이것은 얼마입니까?
> B この 赤いのは 5000円です。 이 빨간 것은 5000엔입니다.

① この 大きい / 3500円

A これは おいくらですか。 이것은 얼마입니까?

B ＿＿＿＿＿＿＿＿ のは ＿＿＿＿＿＿＿＿ です。
이 큰 것은 3500엔입니다.

② この 小さい / 350円

A これは おいくらですか。 이것은 얼마입니까?

B ＿＿＿＿＿＿＿＿ のは ＿＿＿＿＿＿＿＿ です。
이 작은 것은 350엔입니다.

③ この あたたかい / 580円

A これは おいくらですか。 이것은 얼마입니까?

B ＿＿＿＿＿＿＿＿ のは ＿＿＿＿＿＿＿＿ です。
이 따뜻한 것은 580엔입니다.

✽ 새로운 단어
大きい [오-끼-] 크다 | 小さい [치-사이] 작다

2 보기와 같이 제시된 단어를 활용하여 문장 연습을 해 보세요. >> 정답 194P

예 スーツケースと 一緒 / 25000円

A これは おいくらですか。 이것은 얼마입니까?

B スーツケースと 一緒なら 25000円です。
여행 가방과 함께라면 25000엔입니다.

---

① 新幹線の チケット / 今 50パーセント引き

A セール中の チケットが ありますか。 세일 중인 티켓이 있습니까?

B _____ なら _____ です。
신칸센 티켓이라면 지금 50% 할인입니다.

② ロングコート / こちらが セール中だ

A 安い ロングコートが ありますか。 싼 롱 코트가 있습니까?

B _____ なら _____ です。
롱 코트라면 이것이 세일 중입니다.

③ 機内用かばん / これが お得だ

A 機内用の かばんを 探して いますが。 기내용 가방을 찾고 있는데요.

B _____ なら _____ です。
기내용 가방이라면 이것이 좋습니다(이득입니다).

✽ 새로운 단어 ─────────────────

新幹線 [싱깐셍] 신칸센 | **チケット** [치껫또] 티켓, 표 | **ロングコート** [롱-구코-또] 롱 코트

お得だ [오또꾸다] 이득이다

워크스루(walk throgh) 셀프 계산대

　일본에서는 한국과 마찬가지로, 셀프 계산대가 증가하고 있습니다. '워크스루 셀프 계산대'란 계산대를 통과하지 않고 결제가 가능한 시스템입니다. 미리 애플리케이션에 개인 정보와 결제 방법을 등록해 놓고, 가게에 들어갈 때 QR코드로 개인 인증을 합니다. 가게 안에는 AI 카메라와 센서가 설치되어 있습니다. 고객이 상품을 선반에서 집거나 돌려놓거나 하는 동작이 모두 인식되어, 이를 토대로 자동으로 결제가 이루어지기 때문에, 상품을 다 고르면 그대로 가게를 나가면 됩니다.

일본의 무인 점포 「TOUCH TO GO」

무인 점포의 결제 방법 안내

☞ UNIT 12 일본어 칼럼 원문 219P

散歩 산책
さん ぽ

01 # いちょうや もみじや、さくらも ありますね。

은행나무(나) 단풍나무(나) 벚나무도 있네요.

계절별로 볼 수 있는 꽃나무 이름을 익혀 봅시다. 〜や(〜이나)는 〜と(〜와)와 비슷한 말로, 명사
를 열거할 때 씁니다. 한국어 해석 시 생략 가능합니다.

A 季節ごとに 雰囲気が あって 歩くのが 楽しかったです。
きせつ ふんいき ある たの

계절마다 분위기가 있어서 걷는 것이 즐거웠습니다.

B そういえば、いちょうや もみじや、さくらも ありますね。

그러고 보니, 은행나무, 단풍나무, 벚나무도 있네요.

표현 연습 빈칸에 제시된 단어를 넣어 말해 보세요. » 정답 195P

| 예 |  | **さくら / チューリップ / きれいです**
春は (さくら)や (チューリップ)が (きれいです)。
봄에는 벚꽃, 튤립이 예쁩니다. |

①
カエルの 声 / セミの 声 / にぎやかです
こえ こえ
夏は (   )や (   )が (   )。
なつ
여름에는 개구리 소리, 매미 소리가 떠들썩합니다.

②
もみじ / コスモス / きれいです
秋は (   )や (   )が (   )。
あき
가을에는 단풍, 코스모스가 예쁩니다.

✿ 새로운 단어

いちょう [이쵸-] 은행나무 | **さくら** [사꾸라] 벚꽃, 벚나무 | **季節** [키세쯔] 계절 | **〜ごとに** [고또니] ~마다
きせつ

雰囲気 [훙이끼] 분위기 | **歩く** [아루꾸] 걷다 | **そういえば** [소-이에바] 그러고 보니 | **春** [하루] 봄
ふんいき ある はる

チューリップ [츄-립뿌] 튤립 | **夏** [나쯔] 여름 | **カエル** [카에루] 개구리 | **声** [코에] (목)소리 | **セミ** [세미] 매미
なつ こえ

にぎやかだ [니기야까다] 번화하다, 떠들썩하다 | **秋** [아끼] 가을 | **コスモス** [코스모스] 코스모스
あき

02

散歩^{さんぽ}しながら その 時^{とき}の ことを 思^{おも}い出^だします。

🎧073

산책하면서 그때의 일을 떠올립니다.

그룹별 동사의 ます형에 ～ながら를 연결하면 '～하면서'라는 동시 동작을 나타내는 말이 됩니다. 散歩^{さんぽ}する의 ます형은 散歩^{さんぽ}し이며, '산책하면서'는 散歩^{さんぽ}しながら가 됩니다.

☞ 동사 그룹별 ます형 활용은 16～17P 참고

A そういえば、いちょうや もみじや、さくらも ありますね。

그러고 보니, 은행나무, 단풍나무, 벚나무도 있네요.

B はい、今^{いま}でも 散歩^{さんぽ}しながら その 時^{とき}の ことを 思^{おも}い出^だします。

네, 지금도 산책하면서 그때의 일을 떠올립니다.

표현 연습 빈칸에 제시된 단어를 넣어 말해 보세요. ≫ 정답 195P

예 花^{はな}を 見^みながら / 音楽^{おんがく}を 聞^ききます

(花^{はな}を 見^みながら) (音楽^{おんがく}を 聞^ききます)。

꽃을 보면서 음악을 듣습니다.

① 話^{はな}しながら / 公園^{こうえん}を 歩^{ある}きます

(   ) (   )。

이야기하면서 공원을 산책합니다.

②  道^{みち}を 歩^{ある}きながら / 写真^{しゃしん}を とります

(   ) (   )。

길을 걸으면서 사진을 찍습니다.

✽ 새로운 단어

散歩^{さんぽ} [삼뽀] 산책 | こと [코또] 일, 것 | 思^{おも}い出^だす [오모이다스] 생각해 내다, 떠올리다 | 今^{いま}でも [이마데모] 지금도
道^{みち} [미찌] 길 | 写真^{しゃしん} [샤싱] 사진 | とる [토루] 찍다

A この 公園は 私に とって 思い出の 道なんです。
코 노 코-엥 와 와따시니 톳 떼 오모이데노미찌 난 데 스

B どんな 思い出ですか。
돈 나 오모이데데스까

A 結婚する 前に、主人と よく 散歩を したんです。
켁꼰스루마에니 슈진또 요꾸 삼뽀오 시 딴 데 스

B じゃあ、いい 思い出が たくさん ありますね。
쟈 - 이 - 오모이데가 타꾸 상 아리마스네

A そうですね。それに、季節ごとに 雰囲気が あって
소 - 데 스 네 소 레 니 키세쯔고또니 훙 이 끼 가 앗 떼

歩くのが 楽しかったです。
아루 꾸 노 가 타노시 깟 따데스

B そういえば、いちょうや もみじや、さくらも
소 - 이 에 바 이 쵸 - 야 모 미 지 야 사 꾸 라 모

ありますね。
아 리 마 스 네

A はい、今でも 散歩しながら その 時の ことを
하 이 이마데모 삼 뽀 시 나 가 라 소 노 토끼노 코 또 오

思い出します。
오 모 이 다 시 마 스

✽ 새로운 단어

思い出 [오모이데] 추억 | **どんな** [돈나] 어떤 | **結婚する** [켁꼰스루] 결혼하다 | **主人** [슈징] 남편

それに [소레니] 게다가, 더욱이

A 이 공원은 저에게는 추억의 길이에요.

B 어떤 추억입니까?

A 결혼하기 전에 남편과 자주 산책을 했거든요.

B 그럼, 좋은 추억이 많이 있겠네요.

A 맞아요. 게다가 계절마다 분위기가 있어서 걷는 것이 즐거웠습니다.

B 그러고 보니, 은행나무, 단풍나무, 벚나무도 있네요.

A 네, 지금도 산책하면서 그때의 일을 떠올립니다.

01 私_{わたし}に とって 나로서는

~に とって는 '~의 입장에서 생각하면, ~시점에서 말하면'이란 뜻으로 '~에게는, ~경우에는, ~로서는'으로 해석됩니다. 私_{わたし}に とって는 '(다른 사람은 몰라도) 나에게는, 내 경우에는, 나로서는'이라는 뜻입니다.

A この 本_{ほん}、捨_すてても いいですか。 이 책, 버려도 됩니까?

B ミンスさんに とって、その 本_{ほん}は 大事_{だいじ}な ものなんです。
민수 씨에게 그 책은 소중한 겁니다.

02 季節_{きせつ}ごとに 계절마다

~ごとに는 '~마다'라는 의미로, 「명사+ごとに」, 「동사의 기본형+ごとに」의 형태로 쓰입니다.

A 一時間_{いちじかん}ごとに 在庫_{ざいこ}を チェックして います。 한 시간마다 재고를 체크하고 있습니다.

B どうも ありがとう ございます。 정말 감사합니다.

✿ 새로운 단어

捨_すてる [스떼루] 버리다 │ 大事_{だいじ}だ [다이지다] 소중하다, 중요하다 │ もの [모노] 것 │ 在庫_{ざいこ} [자이꼬] 재고

どうも [도-모] 정말, 참

연습 문제

1 보기와 같이 제시된 단어를 활용하여 문장 연습을 해 보세요. >> 정답 195P

> 예 さくら / チューリップ / きれいだ
>
> A そこは どうですか。 그곳은 어떻습니까?
>
> B さくらや チューリップが 多くて きれいです。 벚꽃이나 튤립이 많아서 예쁩니다.

① 自転車(じてんしゃ) / バイク / あぶない

A そこは どうですか。 그곳은 어떻습니까?

B ⬚⬚⬚⬚や ⬚⬚⬚⬚が 多(おお)くて ⬚⬚⬚⬚です。
자전거나 오토바이가 많아서 위험합니다.

② 木(き) / こかげ / 涼(すず)しい

A そこは どうですか。 그곳은 어떻습니까?

B ⬚⬚⬚⬚や ⬚⬚⬚⬚が 多(おお)くて ⬚⬚⬚⬚です。
나무나 그늘이 많아서 시원합니다.

③ 車(くるま) / ビル / にぎやかだ

A そこは どうですか。 그곳은 어떻습니까?

B ⬚⬚⬚⬚や ⬚⬚⬚⬚が 多(おお)くて ⬚⬚⬚⬚です。
자동차나 빌딩이 많아서 번화합니다.

✿ 새로운 단어

そこ [소꼬] 그곳, 거기 | バイク [바이꾸] 오토바이 | あぶない [아부나이] 위험하다 | 木(き) [키] 나무

こかげ [코까게] 나무 그늘 | ビル [비루] 빌딩

연습 문제

2 보기와 같이 제시된 단어를 활용하여 문장 연습을 해 보세요. >> 정답 195P

> 예 音楽を 聞く / 公園を 散歩する
>
> A 音楽を 聞きながら、公園を 散歩しましょう。
> 음악을 들으면서 공원을 산책합시다.
>
> B いいですね。一緒に 行きましょう。 좋아요. 같이 갑시다.

① 歌を 歌う / 雪道を 歩く

A ＿＿＿＿＿＿＿ ながら ＿＿＿＿＿＿＿ ましょう。
노래를 부르면서 눈길을 걸읍시다.

B いいですね。一緒に 行きましょう。 좋아요. 같이 갑시다.

② ポップコーンを 食べる / 映画を 見る

A ＿＿＿＿＿＿＿ ながら ＿＿＿＿＿＿＿ ましょう。
팝콘을 먹으면서 영화를 봅시다.

B いいですね。一緒に 行きましょう。 좋아요. 같이 갑시다.

③ 話す / コーヒーを 飲む

A ＿＿＿＿＿＿＿ ながら ＿＿＿＿＿＿＿ ましょう。
이야기하면서 커피를 마십시다.

B いいですね。一緒に 行きましょう。 좋아요. 같이 갑시다.

✿ 새로운 단어
歌う [우따우] 노래 부르다 | 雪道 [유끼미찌] 눈길 | ポップコーン [폽뿌꼰-] 팝콘 | コーヒー [코-히-] 커피

왜 가로수에 은행나무가 많은가

　일본의 가로수 중 가장 많은 것은 은행나무입니다. 그 이유는 은행나무가 '불에 강한 나무'이기 때문입니다. 은행나무는 다른 나무에 비해 잎이 두껍고, 줄기에 수분도 많아 나무 전체가 불에 잘 타지 않기 때문에 화재에 강합니다. 1923년에 발생한 관동대지진에서는, 실제로 은행나무가 연소를 막은 사례를 많이 볼 수 있었습니다. 그 후부터 방재를 겸하여 적극적으로 은행나무가 가로수로 많이 쓰이게 되었습니다.

　도쿄의 지요다구에는 관동대지진에서 소실을 면해 살아남은 수령 150년에 달하는 은행나무가 지금도 있습니다.

☞ UNIT **13** 일본어 칼럼 원문 219P

旅行計画 여행 계획
りょ こう けい かく

01

🎧078

3泊4日 3박 4일
さんぱく よっか

일본어의 1박 2일, 2박 3일 표현은 한국어와 동일하지만, 발음이 어려우니 주의해서 익혀야 합니다. 예를 들어, '2박 3일로 여행 갑니다'라고 할 때 '2박 3일로'는 2泊3日で라고 합니다.
に はく みっか

A 今回の 九州旅行は 3泊4日なので、余裕が ありますね。
こんかい きゅうしゅうりょこう さんぱく よっか よ ゆう

이번 규슈 여행은 3박 4일이라서 여유가 있네요.

B そうですね。まず 福岡から スタートして、一日目は 湯布院の 温泉で
ふくおか いちにち め ゆ ふ いん おんせん

ゆっくり しましょう。

그러네요. 우선 후쿠오카에서 시작해서, 1일째는 유후인 온천에서 느긋하게 (여행)합시다.

표현 연습 빈칸에 제시된 단어를 넣어 말해 보세요. ≫ 정답 195P

大阪

예
1泊2日 / 大阪
いっぱく ふつか おおさか

(1泊2日)で (大阪)に 行きます。
いっぱく ふつか おおさか い

1박 2일로 오사카에 갑니다.

①
2泊3日 / 北海道
に はく みっか ほっかいどう

北海道

(   )で (   )に 行きます。
い

2박 3일로 홋카이도에 갑니다.

②
4泊5日 / 東京 ❖4泊는 よんはく 로도 읽습니다.
よんぱく いつか とうきょう

東京

(   )で (   )に 行きます。
い

4박 5일로 도쿄에 갑니다.

✱ 새로운 단어 ─────────

九州 [큐-슈-] 규슈 〈지명〉 | **余裕** [요유-] 여유 | **まず** [마즈] 먼저, 우선 | **福岡** [후꾸오까] 후쿠오카 〈지명〉
きゅうしゅう   よ ゆう   ふくおか

～から [카라] ~부터 | **スタートする** [스따-또스루] 시작하다 | **～目** [메] ~째 | **湯布院** [유후잉] 유후인 〈지명〉
め   ゆ ふ いん

大阪 [오-사까] 오사카 〈지명〉
おおさか

02

方向が 違うから、そこは 無理だと 思います。

방향이 다르니까 그곳은 무리라고 생각합니다.

079

~からは '~때문에'라는 이유 및 원인을 나타내는 말입니다. 모든 품사의 보통형에 접속하나, 명사는 「명사+だから」로, な형용사 현재긍정형은 기본형이 그대로 접속합니다. 예를 들어, 명사 休みは 休みだから로, な형용사 好きだ는 好きだから가 됩니다. ☞ 품사별 보통형은 30~31P 참고

A ハウステンボスは 行く ことが できるでしょうか。 하우스텐보스는 갈 수 있을까요?
B 方向が 違うから、そこは 無理だと 思います。
  방향이 다르니까 그곳은 무리라고 생각합니다.

표현 연습 빈칸에 제시된 단어를 넣어 말해 보세요. >> 정답 196P

예
雨だ / ドライブ

(雨だ)から (ドライブ)は 無理だと 思います。
비가 오니까 드라이브는 무리라고 생각합니다.

①
忙しい / 旅行

(   )から (   )は 無理だと 思います。
바빠서 여행은 무리라고 생각합니다.

②
時間が ない / ショッピング

(   )から (   )は 無理だと 思います。
시간이 없으니까 쇼핑은 무리라고 생각합니다.

✿ 새로운 단어
方向 [호-꼬-] 방향 | **無理だ** [무리다] 무리이다 | **ハウステンボス** [하우스템보스] 하우스텐보스(나가사키현의 관광 명소)

ドライブ [도라이부] 드라이브

A 今回の 九州旅行は ３泊４日なので、余裕が ありますね。
콩 까이노 큐-슈-료꼬-와 삼빠꾸욕 까나노데 요유-가 아리마스네

B そうですね。まず 福岡から スタートして、
소 - 데스네 마즈 후꾸오까 까라 스따-또시떼

一日目は 湯布院の 温泉で ゆっくり しましょう。
이찌니찌메와 유후인노 온센데 육 꾸리시마 쇼 -

A じゃあ、２日目は 阿蘇山が いいですね。
쟈 - 후쯔까메와 아소상가 이-데스네

車で スカイラインの コースを 通りましょう。
쿠루마데 스까이라 인 노코-스오 토오리마 쇼 -

B ハウステンボスは 行く ことが できるでしょうか。
하우스템 보스와 이꾸코또가 데끼루데 쇼 -까

A 方向が 違うから、そこは 無理だと 思います。
호-꼬-가 치가우 까라 소꼬와 무리다또 오모이마스

でも、鹿児島県に 行って、きれいな 自然や グルメを
데 모 카고시마껜니 잇 떼 키레-나 시젱야 구루메오

楽しみましょう。
타노시미마 쇼 -

✿ 새로운 단어 ─────────────

阿蘇山 [아소상] 아소산(구마모토현에 있는 활화산) | スカイライン [스까이라잉] 스카이라인 | コース [코-스] 코스

通る [토-루] 지나다, 통과하다 | 鹿児島県 [카고시마껜] 가고시마현 〈지명〉 | 自然 [시젱] 자연

グルメ [구루메] 맛있는 음식, 미식가 | 楽しむ [타노시무] 즐기다

A 이번 규슈 여행은 3박 4일이라서 여유가 있네요.

B 그러네요. 우선 후쿠오카에서 시작해서, 1일째는 유후인의 온천에서 느긋하게 (여행)합시다.

A 그럼, 2일째는 아소산이 좋겠어요.
차로 스카이라인 코스를 지나갑시다.

B 하우스텐보스는 갈 수 있을까요?

A 방향이 다르니까 그곳은 무리라고 생각합니다.
그래도 가고시마현에 가서 아름다운 자연과 맛있는 음식을 즐깁시다.

01 車で スカイラインの コースを 通りましょう。

차로 스카이라인 코스를 지나갑시다.

スカイライン은 하늘을 배경으로 보는 산의 모습을 말합니다. スカイラインの コース라고 많이 쓰입니다. 通る는 '통과하다, 지나가다'라는 뜻입니다.

A 日本の 阿蘇山は スカイラインの コースが いいです。

일본 아소산은 스카이라인 코스가 좋아요.

B 夏休みに 一緒に 行きましょう。

여름 휴가 때 같이 갑시다.

02 グルメを 楽しみましょう。 맛있는 음식을 즐깁시다.

グルメ는 '맛있는 음식'을 뜻합니다. '미식가'라는 뜻으로 쓰여 사람을 칭하기도 합니다.

A 旅行に 行って 何が したいですか。

여행에 가서 무엇을 하고 싶습니까?

B そこの グルメを 楽しみたいです。

그곳의 맛있는 음식을 즐기고 싶습니다.

❀ 새로운 단어

夏休み [나쯔야스미] 여름 방학, 여름 휴가

1 보기와 같이 제시된 단어를 활용하여 문장 연습을 해 보세요. >> 정답 196P

예 **1泊2日 / 大阪**
いっぱく ふつか　おおさか

A 休みは 何を しますか。 휴가에는 무엇을 할 겁니까?
　やす　　なに

B 1泊2日で 大阪に 行ってきます。 1박 2일로 오사카에 다녀올 겁니다.
　いっぱく ふつか　おおさか　い

---

① **2泊3日 / 温泉**
にはく みっか　おんせん

A 休みは 何を しますか。 휴가에는 무엇을 할 겁니까?
　やす　なに

B ＿＿＿＿＿＿＿＿＿で ＿＿＿＿＿＿＿に 行ってきます。
　　　　　　　　　　　　　　　　　　　　　　い
　2박 3일로 온천에 다녀올 겁니다.

---

② **3泊4日 / 沖縄**
さんぱく よっか　おきなわ

A 休みは 何を しますか。 휴가에는 무엇을 할 겁니까?
　やす　なに

B ＿＿＿＿＿＿＿＿＿で ＿＿＿＿＿＿＿に 行ってきます。
　　　　　　　　　　　　　　　　　　　　　　い
　3박 4일로 오키나와에 다녀올 겁니다.

---

③ **4泊5日 / 韓国**
よんぱく いつか　かんこく

A 休みは 何を しますか。 휴가에는 무엇을 할 겁니까?
　やす　なに

B ＿＿＿＿＿＿＿＿＿で ＿＿＿＿＿＿＿に 行ってきます。
　　　　　　　　　　　　　　　　　　　　　　い
　4박 5일로 한국에 다녀올 겁니다.

✱ 새로운 단어

沖縄 [오끼나와] 오키나와 〈지명〉
おきなわ

연습 문제

2 보기와 같이 제시된 단어를 활용하여 문장 연습을 해 보세요. >> 정답 196P

예 駅から 遠い / 他の ホテルに する

A どうしましょうか。 어떻게 할까요?

B 駅から 遠いから 他の ホテルに しましょう。
역에서 머니까 다른 호텔로 합시다.

---

① もみじが きれいだ / 山に 行く

A どうしましょうか。 어떻게 할까요?

B ＿＿＿＿＿＿＿＿ から ＿＿＿＿＿＿＿＿ ましょう。
단풍이 예쁘니까 산에 갑시다.

② 温泉が いい / この 旅館に 泊まる

A どうしましょうか。 어떻게 할까요?

B ＿＿＿＿＿＿＿＿ から ＿＿＿＿＿＿＿＿ ましょう。
온천이 좋으니까 이 여관에 묵읍시다.

③ 寒い / ラーメンを 食べる

A どうしましょうか。 어떻게 할까요?

B ＿＿＿＿＿＿＿＿ から ＿＿＿＿＿＿＿＿ ましょう。
추우니까 라면을 먹읍시다.

✿ 새로운 단어

駅 [에끼] 역 | **遠い** [토-이] 멀다 | **他** [호까] 다른 것 | **山** [야마] 산 | **旅館** [료깡] 여관(일본 전통 숙박 시설)

泊まる [토마루] 묵다, 숙박하다 | **寒い** [사무이] 춥다

워케이션

워케이션이란, 워크(work)와 베케이션(vacation)을 합쳐서 만든 말입니다. 그 이름대로 여행지, 귀성처, 휴양지 등에서 여가를 보내면서 일도 하는 것입니다. 2017년 무렵부터 나오기 시작하여 그 무렵에는 아직 인지도가 낮았지만, 2020년 코로나 유행을 계기로, 원격 근무 체제가 확장되어 단숨에 보급되었습니다. 도쿄 도심에서 가까운 가마쿠라(鎌倉)나 이즈(伊豆) 등도 인기 지역입니다.

☞ UNIT 14 일본어 칼럼 원문 220P

お弁当 도시락

084

01 おすすめの お弁当が ありますか。

추천하는 도시락이 있습니까?

おすすめ는 '추천'이라는 뜻입니다. 「おすすめの+명사」는 '추천하는(권유하고픈)+명사'라는 뜻이 됩니다.

A おすすめの お弁当が ありますか。 추천하는 도시락이 있습니까?

B 焼肉弁当も おいしいし、からあげ弁当も おいしいですよ。
   구운 고기 도시락도 맛있고, 튀김 도시락도 맛있어요.

표현 연습 빈칸에 제시된 단어를 넣어 말해 보세요. >> 정답 196P

예　**料理**

おすすめの (料理)が ありますか。

추천하는 요리가 있습니까?

①

ケータイ

おすすめの (　　　　　　　　)が ありますか。

추천하는 휴대폰이 있습니까?

②

お茶

おすすめの (　　　　　　　　)が ありますか。

추천하는 차가 있습니까?

★ 새로운 단어

おすすめ [오스스메] 추천, 권유 | **お弁当** [오벤또-] 도시락 | **焼肉弁当** [야끼니꾸벤또-] 구운 고기 도시락

からあげ弁当 [카라아게벤또-] 튀김 도시락 | **ケータイ** [케-따이] 휴대폰

02 からあげ弁当(べんとう)に します。

085

튀김 도시락으로 하겠습니다.

어떤 일을 결정할 때 쓰는 표현은 ～に する입니다. '~(으)로 하다'라는 뜻입니다. ～に しましょう(~(으)로 합시다) 등으로 활용해서 많이 쓰입니다.

A 焼肉弁当(やきにくべんとう)も おいしいし、からあげ弁当(べんとう)も おいしいですよ。
구운 고기 도시락도 맛있고, 튀김 도시락도 맛있어요.

B 私(わたし)は からあげが 好(す)きだから、からあげ弁当(べんとう)に します。
저는 튀김을 좋아하니까, 튀김 도시락으로 하겠습니다.

표현 연습 빈칸에 제시된 단어를 넣어 말해 보세요. >> 정답 196P

예

のり弁(べん)
(のり弁(べん))に します。
김 도시락으로 하겠습니다.

①

キャラ弁(べん)
(   )に します。
캐릭터 도시락으로 하겠습니다.

②

駅弁(えきべん)
(   )に します。
에키벤으로 하겠습니다.

새로운 단어

からあげ [카라아게] 튀김(튀김옷을 입히지 않고 튀긴 음식) | のり弁(べん) [노리벵] 김 도시락
キャラ弁(べん) [캬라벵] 캐릭터 도시락 | 駅弁(えきべん) [에끼벵] 에키벤(철도역에서 여객을 대상으로 판매하는 도시락)

A 今日の お昼は 出前で お弁当を 注文しましょう。
쿄 ― 노 오히루와 데마에데 오 벤또-오 츄-몬 시마 쇼 ―

おすすめの お弁当が ありますか。
오스스메노 오 벤또-가 아 리 마 스 까

B 焼肉弁当も おいしいし、からあげ弁当も
야끼니꾸 벤또-모 오 이 시 ― 시 카 라 아 게 벤또-모

おいしいですよ。
오 이 시 ― 데 스 요

A 私は からあげが 好きだから、からあげ弁当に します。
와따시 와 카 라 아 게 가 스 끼 다 까라 카 라 아 게 벤또-니 시 마 스

B 大盛りも ありますが…。
오 ― 모 리 모 아 리 마 스 가

A 残すと もったいないから 普通に します。
노꼬 스 또 못 따 이 나 이 까 라 후 쯔-니 시 마 스

✿ **새로운 단어**

出前 [데마에] 배달 | **注文する** [츄-몬스루] 주문하다 | **大盛り** [오-모리] 수북이 담음, 대자

残す [노꼬스] 남기다 | **もったいない** [못따이나이] 아깝다 | **普通** [후쯔-] 보통

A 오늘 점심은 배달로 도시락을 주문합시다.

추천하는 도시락이 있습니까?

B 구운 고기 도시락도 맛있고, 튀김 도시락도 맛있어요.

A 저는 튀김을 좋아하니까, 튀김 도시락으로 하겠습니다.

B 대자도 있습니다만….

A 남기면 아까우니까 보통으로 하겠습니다.

01 <ruby>大<rt>おお</rt></ruby><ruby>盛<rt>も</rt></ruby>りも ありますが…。 대자도 있습니다만….

<ruby>大<rt>おお</rt></ruby><ruby>盛<rt>も</rt></ruby>り는 '가득 담음'이라는 뜻입니다. 우리말 '대자'에 해당됩니다.

A この <ruby>店<rt>みせ</rt></ruby>は おやこどんが おいしいです。<ruby>大<rt>おお</rt></ruby><ruby>盛<rt>も</rt></ruby>りで <ruby>注<rt>ちゅう</rt></ruby><ruby>文<rt>もん</rt></ruby>しましょうか。

이 가게는 오야코동이 맛있습니다. 대자로 주문할까요?

B <ruby>私<rt>わたし</rt></ruby>は <ruby>普<rt>ふ</rt></ruby><ruby>通<rt>つう</rt></ruby>で <ruby>十<rt>じゅう</rt></ruby><ruby>分<rt>ぶん</rt></ruby>です。

저는 보통으로 충분합니다.

02 <ruby>残<rt>のこ</rt></ruby>すと もったいないから 남기면 아까우니까

「동사의 기본형+と」는 '~(하)면'이라는 뜻의 가정형 중 하나로, 필연적 사항을 가정할 때 쓰입니다. 「AとB」의 형태로 쓰여, 'A 하면 반드시(당연히) B의 상황이 벌어진다'는 뜻을 나타냅니다. <ruby>残<rt>のこ</rt></ruby>すと もったいない는 '음식을 남기면 반드시 아까운 상황이 발생한다'는 의미가 됩니다. 「보통형+から」는 '~때문에, ~(으)니까'라는 뜻으로, 이유, 원인을 나타냅니다.

A <ruby>半<rt>はん</rt></ruby><ruby>分<rt>ぶん</rt></ruby>しか <ruby>食<rt>た</rt></ruby>べなくて <ruby>捨<rt>す</rt></ruby>てると もったいないですよ。 반밖에 안 먹고 버리면 아까워요.

B <ruby>全<rt>ぜん</rt></ruby><ruby>部<rt>ぶ</rt></ruby> <ruby>食<rt>た</rt></ruby>べます。 전부 먹을 겁니다.

✿ 새로운 단어

<ruby>店<rt>みせ</rt></ruby> [미세] 가게 | <ruby>十<rt>じゅう</rt></ruby><ruby>分<rt>ぶん</rt></ruby>だ [쥬-분다] 충분하다 | <ruby>半<rt>はん</rt></ruby><ruby>分<rt>ぶん</rt></ruby> [함붕] 반 | <ruby>全<rt>ぜん</rt></ruby><ruby>部<rt>ぶ</rt></ruby> [젬부] 전부, 모두

연습 문제

1 보기와 같이 제시된 단어를 활용하여 문장 연습을 해 보세요. >> 정답 196P

> （예） 先輩（せんぱい）の おすすめ / 焼肉弁当（やきにくべんとう）
>
> A おすすめの 弁当（べんとう）は 何（なん）ですか。 추천하는 도시락은 무엇입니까?
>
> B 先輩（せんぱい）の おすすめは 焼肉弁当（やきにくべんとう）です。 선배의 추천은 구운 고기 도시락입니다.

① 店長（てんちょう）の おすすめ / ハンバーグ弁当（べんとう）

　A おすすめの 弁当（べんとう）は 何（なん）ですか。 추천하는 도시락은 무엇입니까?

　B 　　　　　　　　は 　　　　　　　　です。
　　　점장의 추천은 햄버그 도시락입니다.

② 口（くち）コミの おすすめ / トンカツ弁当（べんとう）

　A おすすめの 弁当（べんとう）は 何（なん）ですか。 추천하는 도시락은 무엇입니까?

　B 　　　　　　　　は 　　　　　　　　です。
　　　입소문 추천은 돈가스 도시락입니다.

③ 同僚（どうりょう）の おすすめ / のり弁（べん）

　A おすすめの 弁当（べんとう）は 何（なん）ですか。 추천하는 도시락은 무엇입니까?

　B 　　　　　　　　は 　　　　　　　　です。
　　　동료의 추천은 김 도시락입니다.

✿ 새로운 단어

先輩（せんぱい） [셈빠이] 선배 ｜ 店長（てんちょう） [텐쵸-] 점장 ｜ ハンバーグ弁当（べんとう） [함바-구벤또-] 햄버그 도시락

口（くち）コミ [쿠찌꼬미] 평판, 입소문 ｜ トンカツ弁当（べんとう） [통까쯔벤또-] 돈가스 도시락 ｜ 同僚（どうりょう） [도-료-] 동료

2 보기와 같이 제시된 단어를 활용하여 문장 연습을 해 보세요. >> 정답 197p

> 例 **からあげ弁当**
>
> A 今日の お昼は 何に しますか。 오늘 점심은 무엇으로 할 겁니까?
>
> B からあげ弁当に します。 튀김 도시락으로 하겠습니다.

① **シャケ弁**

A 今日の お昼は 何に しますか。 오늘 점심은 무엇으로 할 겁니까?

B ＿＿＿＿＿＿ に します。 연어 도시락으로 하겠습니다.

② **サンドウィッチ**

A 今日の お昼は 何に しますか。 오늘 점심은 무엇으로 할 겁니까?

B ＿＿＿＿＿＿ に します。 샌드위치로 하겠습니다.

③ **のり巻き**

A 今日の お昼は 何に しますか。 오늘 점심은 무엇으로 할 겁니까?

B ＿＿＿＿＿＿ に します。 김밥으로 하겠습니다.

✿ 새로운 단어 ────────────────

シャケ弁 [샤께벵] 연어 도시락 │ **サンドウィッチ** [산도윗찌] 샌드위치(＝サンドイッチ)

에키벤(駅弁)

　'에키벤'이란 역에서 파는 도시락을 말합니다. 전차로 지방에 가면 에키벤에 그 지역의 특산물을 이용한 식재료가 사용되어, 여행의 즐거움을 더해주는 특별한 아이템이 됩니다. 예를 들어 '이쿠라(연어알) 도시락', '마스즈시(송어초밥) 도시락', '슈마이(딤섬, 만두) 도시락' 등입니다. 그중에는 100년 이상의 전통을 가진 것도 있습니다. 최근에는 일부러 그 지역에 가지 않아도 온라인으로 주문할 수 있게 되었습니다.

에키벤을 판매하는 가게 　　　　　　　　　　귀여운 용기에 담긴 에키벤

☞ UNIT 15 일본어 칼럼 원문 220P

空港<ruby>空<rt>くう</rt></ruby><ruby>港<rt>こう</rt></ruby> 공항

01

<ruby>席<rt>せき</rt></ruby>は <ruby>窓側<rt>まどがわ</rt></ruby>が いいですね。 좌석은 창가가 좋겠어요.

비행기의 좌석 선택을 할 때 필요한 용어를 익혀 봅시다. 창가는 <ruby>窓側<rt>まどがわ</rt></ruby>, 통로 쪽은 <ruby>通路側<rt>つうろがわ</rt></ruby>, 앞쪽은 <ruby>前<rt>まえ</rt></ruby>の <ruby>方<rt>ほう</rt></ruby>, 뒤쪽은 <ruby>後<rt>うし</rt></ruby>ろの <ruby>方<rt>ほう</rt></ruby>, 화장실 근처는 トイレの <ruby>近<rt>ちか</rt></ruby>く라고 합니다.

A チケットの チェックインは <ruby>時間<rt>じかん</rt></ruby>が かかりますから <ruby>早<rt>はや</rt></ruby>く <ruby>行<rt>い</rt></ruby>きましょう。

티켓 체크인은 시간이 걸리니까 빨리 갑시다.

B <ruby>席<rt>せき</rt></ruby>は <ruby>窓側<rt>まどがわ</rt></ruby>が いいですね。 좌석은 창가가 좋겠어요.

표현 연습 빈칸에 제시된 단어를 넣어 말해 보세요. >> 정답 197P

예

<ruby>通路側<rt>つうろがわ</rt></ruby>

<ruby>席<rt>せき</rt></ruby>は (<ruby>通路側<rt>つうろがわ</rt></ruby>)が いいですね。

좌석은 통로 쪽이 좋겠어요.

①

トイレの <ruby>近<rt>ちか</rt></ruby>く

<ruby>席<rt>せき</rt></ruby>は (　　　　　　　　)が いいですね。

좌석은 화장실 근처가 좋겠어요.

②

<ruby>前<rt>まえ</rt></ruby>の <ruby>方<rt>ほう</rt></ruby>

<ruby>席<rt>せき</rt></ruby>は (　　　　　　　　)が いいですね。

좌석은 앞쪽이 좋겠어요.

✽ 새로운 단어

<ruby>席<rt>せき</rt></ruby> [세끼] 자리, 좌석 ｜ <ruby>窓側<rt>まどがわ</rt></ruby> [마도가와] 창가, 창 쪽 ｜ <ruby>通路側<rt>つうろがわ</rt></ruby> [츠-로가와] 통로 쪽 ｜ <ruby>後<rt>うし</rt></ruby>ろ [우시로] 뒤, 뒤쪽

トイレ [토이레] 화장실 ｜ <ruby>近<rt>ちか</rt></ruby>く [치까꾸] 근처 ｜ チェックイン [첵꾸잉] 체크인

かかる [카까루] (시간이) 걸리다, (비용이) 들다

02

搭乗ゲートが 近かったら できるかも しれません。

탑승 게이트가 가깝다면 할 수 있을지도 모릅니다.

🎧091

「보통형+かも しれません」은 '~지도 모릅니다'라는 뜻으로 가능성을 추측하는 표현입니다. 보통

형에 접속하나, な형용사 현재 긍정형의 경우 어미 だ는 빼고 접속합니다. ☞ 품사별 보통형은 30~31P 참고

A 免税店で ショッピングが できるでしょうか。 면세점에서 쇼핑을 할 수 있을까요?

B 搭乗ゲートが 近かったら できるかも しれません。

탑승 게이트가 가깝다면 할 수 있을지도 모릅니다.

표현 연습 빈칸에 제시된 단어를 넣어 말해 보세요. >> 정답 197P

예

空港に 人が 多い

(空港に 人が 多い)かも しれません。

공항에 사람이 많을지도 모릅니다.

①
免税店

お酒は 免税店に ある

(   )かも しれません。

술은 면세점에 있을지도 모릅니다.

②

これは ユリさんの スーツケース

(   )かも しれません。

이것은 유리 씨의 여행 가방일지도 모릅니다.

✿ 새로운 단어 ─────────

搭乗ゲート [토-죠-게-또] 탑승 게이트 | **近い** [치까이] 가깝다 | **免税店** [멘제-뗑] 면세점 | **空港** [쿠-꼬-] 공항

お酒 [오사께] 술

A 夏休み中なので、人が 多いですね。
나쯔야스미 츄-나 노데 히또가 오-이데스네

B チケットの チェックインは 時間が かかりますから
치켓또노 첵 꾸 잉 와 지깡가 카 까리마스까라

早く 行きましょう。
하야꾸 이끼마 쇼 -

A 席は 窓側が いいですね。
세끼 와 마도가와가 이 - 데스네

B 免税店で ショッピングが できるでしょうか。
멘 제-뗀데 숍 삥 구가 데끼루데 쇼 - 까

A 搭乗ゲートが 近かったら できるかも しれません。
토-죠-게 - 또 가 치까 깟 따라 데끼루 까모 시레마 셍

B そうですよね。
소 - 데 스 요 네

A 여름 휴가 중이라 사람이 많네요.

B 티켓 체크인은 시간이 걸리니까 빨리 갑시다.

A 좌석은 창가가 좋겠어요.

B 면세점에서 쇼핑을 할 수 있을까요?

A 탑승 게이트가 가깝다면 할 수 있을지도 모릅니다.

B 그렇겠네요.

01 時間が かかりますから 시간이 걸리니까

かかる는 '(시간이) 걸리다, (비용이) 들다' 등 여러 의미로 쓰입니다.

A 旅行が 好きですか。
여행을 좋아합니까?

B 好きですが、時間も、お金も かかりますから あまり 行きません。
좋아하지만, 시간도 돈도 들어서 잘 가지 않습니다.

02 搭乗ゲートが 近かったら 탑승 게이트가 가깝다면

탑승 게이트는 搭乗ゲート라고 합니다. 어려운 단어지만 공항에서 많이 쓰이니 알아 두면 좋습니다. 모든 품사의 た형에 〜たら가 붙으면 '~라면'이라는 뜻의 가정형이 됩니다. 〜たら는 '~하니, ~했더니, ~하면' 등의 의미를 나타내며, 뒤에는 '희망(〜たいです), 명령(〜て ください), 권유(〜ましょう), 제안(〜ほうが いい), 허가(〜ても いいです)' 등의 표현이 주로 옵니다.

A 搭乗ゲートが 遠かったら 免税店には 行かない ほうが いいです。
탑승 게이트가 멀다면 면세점에는 안 가는 게 좋겠습니다.

B あまり 遠く ありません。
그다지 멀지 않습니다.

1 보기와 같이 제시된 단어를 활용하여 문장 연습을 해 보세요. >> 정답 197P

> 예 席 / どこが いい / 窓側
>
> A 席は どこが いいですか。 좌석은 어디가 좋습니까?
> B 窓側が いいです。 창가가 좋겠습니다.

① 出発時間 / いつが いい / 早い 時間

A ＿＿＿＿＿＿ は ＿＿＿＿＿＿。 출발 시간은 언제가 좋습니까?

B ＿＿＿＿＿＿ が いいです。 빠른 시간이 좋겠습니다.

② 機内食 / 何が いい / 和食

A ＿＿＿＿＿＿ は ＿＿＿＿＿＿。 기내식은 무엇이 좋습니까?

B ＿＿＿＿＿＿ が いいです。 화식(일본 음식)이 좋겠습니다.

③ 空港まで / 何で 行く / リムジンバス

A ＿＿＿＿＿＿ は ＿＿＿＿＿＿。 공항까지는 무엇으로 갑니까?

B ＿＿＿＿＿＿ が いいです。 리무진 버스가 좋겠습니다.

✱ 새로운 단어
出発時間 [슙빠쯔지깡] 출발 시간 | いつ [이쯔] 언제 | 機内食 [키나이쇼꾸] 기내식 | 和食 [와쇼꾸] 화식(일본 음식)

リムジンバス [리무진바스] 리무진 버스

2 보기와 같이 제시된 단어를 활용하여 문장 연습을 해 보세요. >> 정답 197P

> (예) **チェックインに 時間が かかる**
>
> A 空港が 込んで いますね。 공항이 붐비네요.
>
> B チェックインに 時間が かかるかも しれません。
> 체크인에 시간이 걸릴지도 모릅니다.

① **飛行機の 出発が 遅れる**

A 空港が 込んで いますね。 공항이 붐비네요.

B ＿＿＿＿＿＿＿＿＿＿かも しれません。 비행기 출발이 늦어질지도 모릅니다.

② **免税店にも 人が 多い**

A 空港が 込んで いますね。 공항이 붐비네요.

B ＿＿＿＿＿＿＿＿＿かも しれません。 면세점에도 사람이 많을지도 모릅니다.

③ **トイレに 行く 時間が ない**

A 空港が 込んで いますね。 공항이 붐비네요.

B ＿＿＿＿＿＿＿＿＿かも しれません。 화장실에 갈 시간이 없을지도 모릅니다.

✽ 새로운 단어 ―――――――――――――――――――――――――――――――――

出発 [슙빠쯔] 출발 | **遅れる** [오꾸레루] 늦다, 더디다

공항 랭킹

하네다 공항은 '세계에서 가장 멋진 공항 랭킹' TOP 5 안에 계속 선정되고 있는 공항입니다. 높이 평가된 점은 터미널 간 연결의 우수성, 공항 전문안내원의 높은 전문성 등 여러 가지이지만, 그중에서도 공항 내 청결함은 세계 1위로 평가되고 있습니다.

또한 일본에 있는 97개 공항 중, 일본인에게는 나고야의 '주부 국제공항', 오키나와의 '나하 공항', 규슈의 '후쿠오카 공항' 등이 공항 내의 쇼, 옥외 경관으로 특히 인기가 있는 듯합니다.

공항 랭킹 출처: 스카이트랙스사(공항 신용 평가 회사)

하네다 공항 내부   나하 공항 전경

☞ UNIT 16 일본어 칼럼 원문 220P

ホテルの 予約 호텔 예약

01

確認いたしました。 확인했습니다.

일본어에서 겸손하게 말하는 표현을 '겸양어'라고 합니다. 「명사+いたしました」는 '~을 했습니다'라는 겸손한 표현입니다.

A あのう、今日の 予約を した キム・ミンスと 申します。

　저, 오늘 예약을 한 김민수라고 합니다.

B 少々 お待ち ください。はい、確認いたしました。2名様ですね。

　잠시 기다려 주세요. 네, 확인했습니다. 두 분이시네요.

표현 연습 빈칸에 제시된 단어를 넣어 말해 보세요. >> 정답 198P

예　　注文

(注文)いたしました。

주문했습니다.

①

案内

(　　　　　　　　)いたしました。

안내했습니다.

②

予約

(　　　　　　　　)いたしました。

예약했습니다.

✴ 새로운 단어 ─────────────────────────

確認 [카꾸닝] 확인 ｜ **いたす** [이따스] 하다(する의 겸양어) ｜ **予約** [요야꾸] 예약 ｜ **少々** [쇼-쇼-] 잠시, 조금

~名様 [메-사마] ~분('~명'을 높여 부르는 말) ｜ **案内** [안나이] 안내

02 荷物を 預かって いただけませんか。 ◉097

짐을 맡아 주시지 않겠습니까?

「동사의 て형+て いただけませんか」는 '~해 주시지 않겠습니까?'라는 뜻으로 남에게 뭔가를 해 달라고 부탁할 때 쓰는 공손한 표현입니다. 預かる는 '맡다, 보관하다'라는 뜻입니다.

A チェックインの 前に、荷物を 預かって いただけませんか。
　체크인 전에 짐을 맡아 주시지 않겠습니까?

B はい。では、こちらに どうぞ。 네. 그럼, 이쪽으로 오세요.

표현 연습 빈칸에 제시된 단어를 넣어 말해 보세요. ≫ 정답 198P

예
写真を とって
(写真を とって) いただけませんか。
사진을 찍어 주시지 않겠습니까?

①
道を 教えて
(　　　　　　　　) いただけませんか。
길을 가르쳐 주시지 않겠습니까?

②
ゆっくり 話して
(　　　　　　　　) いただけませんか。
천천히 말해 주시지 않겠습니까?

✱ 새로운 단어
荷物 [니모쯔] 짐, 화물 | 預かる [아즈까루] 맡다

A　あのう、今日の 予約を した キム・ミンスと 申します。
아노- 쿄-노 요야꾸오 시따 키무 민 수또 모-시마스

B　少々 お待ち ください。
쇼-쇼- 오마찌 쿠다사이

　　はい、確認いたしました。 2名様ですね。
하이 카꾸닝이따시마시따 니 메-사마데스네

A　はい。チェックインの 前に、荷物を 預かって
하이 첵 꾸인노 마에니 니모쯔오 아즈 깟 떼

　　いただけませんか。
이따다께마 셍 까

B　はい。では、こちらに どうぞ。
하이 데와 코찌라니 도-조

A　この スーツケース 二つ お願いいたします。
코노 스-쯔케-스 후따쯔 오네가이 이 따시마스

B　かしこまりました。
카시꼬마리마시따

✽ 새로운 단어
二つ [후따쯔] 두개 ｜ かしこまりました [카시꼬마리마시따] 알겠습니다

A 저, 오늘 예약을 한 김민수라고 합니다.

B 잠시 기다려 주세요.

네, 확인했습니다. 두 분이시네요.

A 네. 체크인 전에 짐을 맡아 주시지 않겠습니까?

B 네. 그럼, 이쪽으로 오세요.

A 이 여행 가방 두 개 부탁드립니다.

B 알겠습니다.

01 少々 お待ち ください。 잠시 기다려 주세요.

少々(잠시)는 少し, ちょっと와 의미는 같으나 예의를 갖추어 공손히 말할 때 사용합니다. 少々에서 々는 같은 말이 반복될 때 쓰는 기호입니다.

「お+동사의 ます형+ください」는 '~해 주십시오'라는 뜻으로, 정중하게 명령, 지시, 부탁할 때 씁니다. お待ち ください는 '기다려 주세요'라는 뜻으로, 待って ください와 같은 말이지만 좀 더 공손한 표현입니다.

A こちらに お座り ください。 이쪽에 앉으십시오.

B ありがとうございます。 감사합니다.

02 かしこまりました。 알겠습니다.

かしこまりました는 '알겠습니다'라는 말로, わかりました와 뜻이 같습니다. 직장 상사와의 대화, 고객 응대 등 공손히 말해야 하는 상황에서 상대방의 지시, 요구 사항 등을 '받들어 알겠다'라는 의미로 쓰입니다.

A 朝食つきで お願いします。 조식 포함으로 부탁합니다.

B かしこまりました。 알겠습니다.

✱ 새로운 단어 ─────────────
座る [스와루] 앉다 │ 朝食 [쵸–쇼꾸] 조식 │ 〜つき [츠끼] ~포함, ~딸림

1 보기와 같이 제시된 단어를 활용하여 문장 연습을 해 보세요. >> 정답 198P

> 예 お名前 / 確認
>
> A お名前を 確認いたしました。성함을 확인했습니다.
>
> B はい、わかりました。네, 알겠습니다.

① 確認メール / チェック

A ＿＿＿＿＿＿＿＿＿を ＿＿＿＿＿＿＿＿＿いたしました。
확인 메일을 체크했습니다.

B はい、わかりました。네, 알겠습니다.

② ホテル / 予約

A ＿＿＿＿＿＿＿＿＿を ＿＿＿＿＿＿＿＿＿いたしました。
호텔을 예약했습니다.

B はい、わかりました。네, 알겠습니다.

③ 朝食つき / とりけし

A ＿＿＿＿＿＿＿＿＿を ＿＿＿＿＿＿＿＿＿いたしました。
조식 포함을 취소했습니다.

B はい、わかりました。네, 알겠습니다.

✽ 새로운 단어 ─────────────────────────────
確認メール [카꾸닝메-루] 확인 메일 | とりけし [토리께시] 취소

2 보기와 같이 제시된 단어를 활용하여 문장 연습을 해 보세요. >> 정답 198P

> 예 荷物を 預かる
>
> A 荷物を 預かって いただけませんか。 짐을 맡아 주시지 않겠습니까?
>
> B はい、かしこまりました。 네, 알겠습니다.

① 予約を 確認する

　A ＿＿＿＿＿＿＿＿ いただけませんか。 예약을 확인해 주시지 않겠습니까?

　B はい、かしこまりました。 네, 알겠습니다.

② 朝食の 時間を 教える

　A ＿＿＿＿＿＿＿＿ いただけませんか。 조식 시간을 가르쳐 주시지 않겠습니까?

　B はい、かしこまりました。 네, 알겠습니다.

③ 部屋を 替える

　A ＿＿＿＿＿＿＿＿ いただけませんか。 방을 바꿔 주시지 않겠습니까?

　B はい、かしこまりました。 네, 알겠습니다.

✱ 새로운 단어

部屋 [헤야] 방 ｜ 替える [카에루] 바꾸다, 교환하다

헨나 호텔(変^{へん}なホテル)

　2015년 7월, 나가사키의 하우스텐보스에 개업한 '헨나 호텔(変^{へん}なホテル)'. 로봇이 접객을 하는 세계 최초의 호텔로서 일약 유명해졌습니다. '헨나 호텔'이란 '이상한 호텔'이라는 의미가 아닌, '끊임없이 변하는 호텔'이라는 의미로 이름이 붙여졌다고 합니다.＊ 8년 사이 일본 전국에 16곳이 되었습니다. 어디든 로봇이 고객을 응대하지만, 장소에 따라 콘셉트가 다릅니다. 그중에는 '공룡 호텔리어'가 있는 곳도 있습니다.

＊ 変^{へん}だ는 '이상하다'라는 뜻으로, 変^{へん}な ホテル를 직역하면 '이상한 호텔'이 됩니다. 그러나 같은 한자를 쓰는 変^かわる에는 '변하다'라는 뜻이 있습니다. 따라서 '이상한 호텔'이 아니라 '변하는 호텔'이라는 의미가 된 것입니다.

'헨나 호텔'의 접객 담당 로봇

☞ UNIT 17 일본어 칼럼 원문 221P

道案内 길 안내
みち あん ない

01

まっすぐ 行くと、交差点が あります。
い こう さ てん

쭉 가면 교차로가 있습니다.

「동사 기본형+と」는 필연 조건을 나타내는 가정형입니다. 「Aと B」의 형태로 쓰이며, 'A 하면 반드시 B 한다(A라는 상황이면 반드시 B라는 상황이 된다)'는 상황에서 씁니다. 주로 길 안내를 할 때 많이 쓰입니다.

A あのう、銀行に 行きたいんですが…。 저, 은행에 가고 싶은데요….
ぎんこう い

B この 道を まっすぐ 行くと、交差点が あります。 이 길을 쭉 가면 교차로가 있습니다.
みち い こう さ てん

표현 연습 빈칸에 제시된 단어를 넣어 말해 보세요. >> 정답 198P

예
横断歩道を わたる / 学校
おうだん ほ どう がっこう

(横断歩道を わたる)と (学校)が あります。
おうだん ほ どう がっこう

횡단보도를 건너면 학교가 있습니다.

①
右に 曲がる / 駅
みぎ ま えき

(   )と (   )が あります。

오른쪽으로 돌면 역이 있습니다.

②
この 道を 過ぎる / デパート
みち す

(   )と (   )が あります。

이 길을 지나면 백화점이 있습니다.

✱ 새로운 단어

まっすぐ [맛스구] 쭉, 곧장 | 交差点 [코-사뗑] 교차로 | 銀行 [깅꼬-] 은행 | 横断歩道 [오-당호도-] 횡단보도
こう さ てん ぎんこう おうだん ほ どう

わたる [와따루] 건너다 | 学校 [각꼬-] 학교 | 右 [미기] 오른쪽 | 曲がる [마가루] 돌다, 방향을 바꾸다
がっこう みぎ ま

過ぎる [스기루] 지나다, 통과하다
す

02 あの 交差点(こうさてん)なんですね。 저 교차로 말이군요. 🎧103

交差点(こうさてん)은 한자를 그대로 읽으면 '교차점'이지만, '교차하는 지점', 즉, '교차로'의 의미로 쓰입니다. 길과 관련된 표현을 연습해 봅시다.

A あの 交差点(こうさてん)なんですね。 저 교차로 말이군요.

B はい、そこで 横断歩道(おうだんほどう)を わたって 右(みぎ)に 曲(ま)がります。
  네, 거기서 횡단보도를 건너서 오른쪽으로 돕니다.

표현 연습 빈칸에 제시된 단어를 넣어 말해 보세요. >> 정답 199P

예
バス停(てい)
あの (バス停(てい))なんですね。
저 버스 정류장 말이군요.

①
横断歩道(おうだんほどう)
あの (　　　　　　　　　　)なんですね。
저 횡단보도 말이군요.

②
学校(がっこう)の 前(まえ)
あの (　　　　　　　　　　)なんですね。
저 학교 앞 말이군요.

✽ 새로운 단어
バス停(てい) [바스떼-] 버스 정류장

A あのう、銀行に 行きたいんですが…。
아 노 - 깅꼬-니 이끼따 인 데스 가

B 銀行ですね。まず、この 道を まっすぐ 行くと、
깅꼬-데스네 마즈 코노미찌오 맛 스구 이꾸또

交差点が あります。
코-사뗑가 아 리 마 스

A あの 交差点なんですね。
아 노 코-사 뗀 난 데 스 네

B はい、そこで 横断歩道を わたって 右に 曲がります。
하 이 소꼬데 오-당호도-오 와 땃 떼 미기니 마 가 리 마 스

そのまま まっすぐ 行くと 銀行が 見えます。
소 노 마 마 맛 스 구 이 꾸 또 깅꼬-가 미 에 마 스

A ありがとうございました。
아 리 가 또 - 고 자 이 마 시 따

✽ 새로운 단어

そのまま [소노마마] 그대로 │ 見える [미에루] 보이다

A 저, 은행에 가고 싶은데요….

B 은행 말이군요. 먼저 이 길을 쭉 가면 교차로가 있습니다.

A 저 교차로 말이군요.

B 네, 거기서 횡단보도를 건너서 오른쪽으로 돕니다.

그대로 쭉 가면 은행이 보입니다.

A 고맙습니다.

▶ 길 안내와 관련된 다양한 표현을 알아봅시다.

01 まっすぐ 行く 쭉 가다

A 地下鉄の 駅は どこですか。 지하철 역은 어디입니까?

B 200M まっすぐ 行きます。 200미터 쭉 갑니다.

02 右(左)に 曲がる 오른쪽(왼쪽)으로 돌다

A 病院は どこですか。 병원은 어디입니까?

B あの カフェを 右(左)に 曲がります。 저 카페를 오른쪽(왼쪽)으로 돕니다.

03 横断歩道を わたる 횡단보도를 건너다

A 公園は どこですか。 공원은 어디입니까?

B この 横断歩道を わたります。 이 횡단보도를 건넙니다.

✱ 새로운 단어 ────────────

メートル [메-또루] 미터 | **左** [히다리] 왼쪽 | **カフェ** [카훼] 카페

연습 문제

1 보기와 같이 제시된 단어를 활용하여 문장 연습을 해 보세요. >> 정답 199P

> 예 まっすぐ 行く / 銀行が ある
>
> A まっすぐ 行くと 銀行が あります。 쭉 가면 은행이 있습니다.
> B ありがとうございます。 고맙습니다.

① 右に 曲がる / 本屋が 見える

A ⬜⬜⬜⬜⬜⬜⬜ と ⬜⬜⬜⬜⬜⬜⬜。 오른쪽으로 돌면 서점이 보입니다.
B ありがとうございます。 고맙습니다.

② 横断歩道を わたる / 居酒屋が ある

A ⬜⬜⬜⬜⬜⬜⬜ と ⬜⬜⬜⬜⬜⬜⬜。 횡단보도를 건너면 선술집이 있습니다.
B ありがとうございます。 고맙습니다.

③ この 道を 過ぎる / 駅が 見える

A ⬜⬜⬜⬜⬜⬜⬜ と ⬜⬜⬜⬜⬜⬜⬜。 이 길을 지나면 역이 보입니다.
B ありがとうございます。 고맙습니다.

✿ 새로운 단어 ─────────
本屋 [홍야] 서점 | 居酒屋 [이자까야] 선술집

연습 문제

2 보기와 같이 제시된 단어를 활용하여 문장 연습을 해 보세요. >> 정답 199P

예 駅の 西口 / 出る

A 本屋は どこですか。 서점은 어디입니까?
B 駅の 西口を 出ます。 역의 서쪽 출구를 나갑니다.

---

① あそこの 横断歩道 / わたる

A 本屋は どこですか。 서점은 어디입니까?

B _____ を _____ 。 저쪽의 횡단보도를 건넙니다.

② コンビニ / 右に 曲がる

A 本屋は どこですか。 서점은 어디입니까?

B _____ を _____ 。 편의점을 오른쪽으로 돕니다.

③ この 道 / まっすぐ 行く

A 本屋は どこですか。 서점은 어디입니까?

B _____ を _____ 。 이 길을 쭉 갑니다.

✽ 새로운 단어 ─────────

西口 [니시구찌] 서쪽 출구 │ あそこ [아소꼬] 저기, 저쪽 │ コンビニ [콤비니] 편의점(コンビニエンスストア의 준말)

자율주행 셔틀버스

　길 안내를 해 주는 어플리케이션은 지금은 일반적이 되었습니다. 더욱이 자율주행 기술이 전 세계적으로 꾸준히 개발되어, 자동차로 이동할 때의 내비게이션의 역할이 장래에는 줄어들 것으로 예상됩니다. 이미, 2022년 5월에는 일본 최초의 자동 운전 셔틀버스의 시험 운행이, 지바현 내의 한 단지에서 실시되었습니다. 그 후 자동 운전 버스는 각지에서 실용적으로 이용되기 시작하고 있습니다.

도요타의 자율주행 버스

☞ UNIT 18 일본어 칼럼 원문 221P

연습 문제 정답과 해석

UNIT 01 あいさつ 인사

표현 연습

01 ① はじめまして。(본인 이름)と 申します。 처음 뵙겠습니다. (본인 이름)이라고 합니다.

② はじめまして。(トム)と 申します。 처음 뵙겠습니다. 톰이라고 합니다.

02 ① (これから) よろしく お願いいたします。 앞으로 잘 부탁드립니다.

② (どうぞ) よろしく お願いいたします。 부디 잘 부탁드립니다.

연습 문제

1 ① B 田中と 申します。 다나카라고 합니다.

② B トムと 申します。 톰이라고 합니다.

③ B パク・ユナと 申します。 박유나라고 합니다.

2 ① B こちらこそ よろしく お願いいたします。 저야말로 잘 부탁드립니다.

② B どうぞ よろしく お願いいたします。 부디 잘 부탁드립니다.

③ B これから よろしく お願いいたします。 앞으로 잘 부탁드립니다.

UNIT 02 趣味 취미

표현 연습

01 ① 最近、(日本語の勉強)を 始めました。 요즘 일본어 공부를 시작했습니다.

② 最近、(編み物)を 始めました。 요즘 뜨개질을 시작했습니다.

02 ① (日本語の 勉強は 難しいです)が、(おもしろいです)よ。 일본어 공부는 어렵지만 재밌어요.

② (編み物は 簡単じゃ ありません)が、(楽しいです)よ。 뜨개질은 쉽지 않지만 즐거워요.

연습 문제

1 ① B はい、最近、エアロビを 始めました。 네, 요즘 에어로빅을 시작했습니다.

② B はい、最近、山登りを 始めました。 네, 요즘 등산을 시작했습니다.

③ B はい、最近、ピアノを 始めました。 네, 요즘 피아노를 시작했습니다.

2 ① A 生け花は きれいですが、花が 安く ありませんよ。 꽃꽂이는 예쁘지만, 꽃이 싸지 않아요.

② A スケートは 楽しいですが、やさしく ありませんよ。 스케이트는 즐겁지만, 쉽지 않아요.

③ A ガーデニングは 外は 暑いですが、つらく ありませんよ。 정원 가꾸기는 밖은 덥지만 힘들지 않아요.

---

03 プレゼント 선물

표현 연습

01 ① 私が (書いた) (本)です。 どうぞ。 제가 쓴 책입니다. 받아 주세요.

② 私が (作った) (せっけん)です。 どうぞ。 제가 만든 비누입니다. 받아 주세요.

02 ① この (本)、とても (おもしろそう)ですね。 이 책, 무척 재밌을 것 같아요.

② この (ぬいぐるみ)、(友達が とても 好きそう)ですね。 이 인형, 친구가 무척 좋아할 것 같아요.

연습 문제

1 ① B 友達が 描いた 絵です。 친구가 그린 그림입니다.

② B 彼女が くれた ゆびわです。 여자 친구가 준 반지입니다.

③ B 昨日 作った キムチです。 어제 만든 김치입니다.

2 ① A この 本は 難しそうです。 이 책은 어려울 것 같습니다.

   ② A この マフラーは あたたかそうです。 이 머플러는 따뜻할 것 같습니다.

   ③ A あの かばんは 高そうです。 저 가방은 비쌀 것 같습니다.

표현 연습

01 ① (タクシーに 乗った) ほうが いいですよ。 택시를 타는 편이 좋겠어요.
   ② (飛行機で 行った) ほうが いいですよ。 비행기로 가는 편이 좋겠어요.

02 ① 一緒に (映画を 見ましょうか)。 같이 영화를 볼까요?
   ② 一緒に (図書館で 勉強しましょうか)。 같이 도서관에서 공부할까요?

연습 문제

1 ① B じゃあ、早く 寝た ほうが いいですよ。 그럼, 빨리 자는 편이 좋겠어요.

   ② B じゃあ、あたたかい お茶を 飲んだ ほうが いいですよ。 그럼, 따뜻한 차를 마시는 편이 좋겠어요.

   ③ B じゃあ、すぐ 病院に 行った ほうが いいですよ。 그럼, 바로 병원에 가는 편이 좋겠어요.

2 ① A 一緒に ランチを 食べましょうか。 함께 점심을 먹을까요?

   ② A 一緒に ショッピングに 行きましょうか。 함께 쇼핑하러 갈까요?

   ③ A 一緒に 勉強しましょうか。 함께 공부할까요?

UNIT 05 日本の 食べ物 일본의 음식

표현 연습

01 ① これは (かいせき料理)です。이것은 가이세키 요리입니다.

② これは (たこやき)です。이것은 다코야키입니다.

02 ① (かいせき料理)は 日本の (コース料理)です。가이세키 요리는 일본의 코스 요리입니다.

② (たこやき)は 日本の (おやつ)です。다코야키는 일본의 간식입니다.

연습 문제

1 ① B これは おやこどんです。이것은 오야코동입니다.

おやこどんは、日本の 家庭料理で たまごと 鶏肉が 入ります。

오야코동은 일본의 가정 요리로, 달걀과 닭고기가 들어갑니다.

② B これは かいせき料理です。이것은 가이세키 요리입니다.

かいせき料理は 日本の コース料理で 値段が 高いです。

가이세키 요리는 일본의 코스 요리로 가격이 비쌉니다.

UNIT 06 天気 날씨

표현 연습

01 ① 急に (雨が 止みました)。갑자기 비가 그쳤습니다.

② 急に (風が 吹きました)。갑자기 바람이 불었습니다.

02 ① (風)ですね。바람이네요(바람이 부는군요).

② (きり)ですね。안개네요(안개가 꼈군요).

1　① B 急に かみなりが なりました。 갑자기 천둥이 쳤습니다.

　② B 急に 強い 風が 吹きました。 갑자기 강한 바람이 불었습니다.

　③ B 急に きりが 出ました。 갑자기 안개가 끼었습니다.

2　① A 雲が 多いですね。 구름이 많네요.

　② A 暴風雨ですね。 폭풍우네요.

　③ A きり雨ですね。 안개비네요.

UNIT 07　通勤 출퇴근

표현 연습

01　① 会社まで (自転車)で 通って います。 회사까지 자전거로 다니고 있습니다.
　② 会社まで (自分の 車)で 通って います。 회사까지 제 자동차로 다니고 있습니다.

02　① (デパート)は (お客)で 込んで います。 백화점은 손님으로 붐빕니다.
　② (京都)は (観光客)で 込んで います。 교토는 관광객으로 붐빕니다.

연습 문제

1　① B 市内バスで 通って います。 시내버스로 다니고 있습니다.

　② B 電車で 通って います。 전차로 다니고 있습니다.

　③ B 自分の 車で 通って います。 제 자동차로 다니고 있습니다.

2 ① A 公園は 人で 込んで います。 공원은 사람으로 붐빕니다.

　 ② A ショッピングセンターは お客で 込んで います。 쇼핑 센터는 손님으로 붐빕니다.

　 ③ A 京都は 観光客で 込んで います。 교토는 관광객으로 붐빕니다.

08 体調 몸상태

표현 연습

01 ① (お腹が すいて) います。 배가 고픕니다.

　 ② (のどが かわいて) います。 목이 마릅니다.

02 ① (ビタミンを 飲んだり)、(運動を したり) 비타민을 먹기도 하고, 운동을 하기도 하고

　 ② (家で 休んだり)、(音楽を 聞いたり) 집에서 쉬기도 하고, 음악을 듣기도 하고

연습 문제

1 ① B はい、めまいが して います。 네, 현기증이 납니다.

　 ② B はい、頭痛が して います。 네, 두통이 납니다.

　 ③ B はい、疲れて います。 네, 피곤합니다.

2 ① B 遅くまで はたらいたり、日曜日も 出勤したり したんです。
　　늦게까지 일하기도 하고, 일요일도 출근하기도 했거든요.

　 ② B レポートを 書いたり、難しい 本を 読んだり したんです。
　　리포트를 쓰기도 하고, 어려운 책을 읽기도 했거든요.

　 ③ B 料理を 作ったり、ふとんを ほしたり したんです。
　　요리를 만들기도 하고, 이불을 널기도 했거든요.

01 ① (渋谷で 服を 買う) 予定です。 시부야에서 옷을 살 예정입니다.

② (11時の 飛行機に 乗る) 予定です。 11시 비행기를 탈 예정입니다.

02 ① (美術館に 行きたい)んです。 미술관에 가고 싶거든요.

② (日本人と 話したい)んです。 일본인과 이야기하고 싶거든요.

연습 문제

1 ① B サイクリングをする 予定です。 사이클을 탈 예정입니다.

② B 高校の 友達に 会う 予定です。 고등학교 때 친구를 만날 예정입니다.

③ B お菓子作りを 習う 予定です。 베이킹을 배울 예정입니다.

2 ① B 温泉に 入りたいんです。 온천에 들어가고 싶습니다.

② B 友達と 遊びたいんです。 친구와 놀고 싶습니다.

③ B もみじが 見たいんです。 단풍을 보고 싶습니다.

UNIT
10 **ネットショッピング** 인터넷 쇼핑

표현 연습

01 ① (気に 入った)ので (カートに 入れました)。 마음에 들어서 장바구니에 넣었습니다.

② (好きな 歌手)なので (いいねを 押しました)。 좋아하는 가수이기 때문에 '좋아요'를 눌렀습니다.

02 ① (高いくつを買って) しまいました。 비싼 구두를 사 버렸습니다.

② (カードを たくさん 使って) しまいました。 카드를 많이 써 버렸습니다.

1 ① B アンチコメントが 全然 なかったので これを 選びました。 악플이 전혀 없어서 이것을 골랐습니다.

② B 送料が 無料だったので これに しました。 배송료가 무료라서 이것으로 했습니다.

③ B いい コメントが 多かったので この スカートを 買いました。
좋은 댓글이 많아서 이 스커트를 샀습니다.

2 ① B カードを たくさん 使って しまいました。 카드를 많이 쓰고 말았습니다.

② B お気に入りを 押して しまいました。 '마음에 들어요'를 눌러 버렸습니다.

③ B アンチコメントを 書いて しまいました。 악플을 쓰고 말았습니다.

UNIT 11 オンライン講座 온라인 강좌

표현 연습

01 ① (お金も ない)し、(友達も いない)し。 돈도 없고, 친구도 없고.

② (ごはんも 食べない)し、(水も 飲まない)し。 밥도 안 먹고, 물도 안 마시고.

02 ① (オンライン講座に 参加した) ことが あります。 온라인 강좌에 참가한 적이 있습니다.

② (日本の 歌を 聞いた) ことが あります。 일본 노래를 들은 적이 있습니다.

연습 문제

1 ① B 講師が いいし、時間が 自由だからです。 강사가 좋고, 시간이 자유롭기 때문입니다.

② B 説明が 上手だし、無料だからです。 설명을 잘하고, 무료이기 때문입니다.

③ B 授業時間が 週末だし、家で できるからです。 수업 시간이 주말이고, 집에서 할 수 있기 때문입니다.

2 ① B ホームベーカリーの 授業_{じゅぎょう}を 受_うけた ことが あります。 홈베이커리 수업을 들은 적이 있습니다.

② B 英会話_{えいかいわ}を 習_{なら}った ことが あります。 영어 회화를 배운 적이 있습니다.

③ B ピラティスを 経験_{けいけん}した ことが あります。 필라테스를 경험한 적이 있습니다.

UNIT 12 価格_{かかく}を 聞_きく・答_{こた}える 가격 묻고 답하기

표현 연습

01 ① (この 白_{しろ}い) のは おいくらですか。 이 하얀 것은 얼마입니까?

② (あの 黒_{くろ}い) のは おいくらですか。 저 검은 것은 얼마입니까?

02 ① (充電器_{じゅうでんき})なら、(４０パーセント引_びき)です。 충전기라면 40% 할인입니다.

② (パスポートケース)なら、(１０パーセント引_びき)です。 여권 케이스라면 10% 할인입니다.

연습 문제

1 ① B この 大_{おお}きいのは ３５００円_{さんぜんごひゃくえん}です。 이 큰 것은 3500엔입니다.

② B この 小_{ちい}さいのは ３５０円_{さんびゃくごじゅうえん}です。 이 작은 것은 350엔입니다.

③ B この あたたかいのは ５８０円_{ごひゃくはちじゅうえん}です。 이 따뜻한 것은 580엔입니다.

2 ① B 新幹線_{しんかんせん}の チケットなら 今_{いま}５０_{ごじゅっ}パーセント引_びきです。 신칸센 티켓이라면 지금 50% 할인입니다.

② B ロングコートなら こちらが セール中_{ちゅう}です。 롱 코트라면 이것이 세일 중입니다.

③ B 機内用_{きないよう}かばんなら これが お得_{とく}です。 기내용 가방이라면 이것이 좋습니다(이득입니다).

UNIT 13 散歩 산책

표현 연습

01 ① 夏は (カエルの 声)や (セミの 声)が (にぎやかです)。 여름에는 개구리 소리, 매미 소리가 떠들썩합니다.

② 秋は (もみじ)や (コスモス)が (きれいです)。 가을에는 단풍, 코스모스가 예쁩니다.

02 ① (話しながら) (公園を 歩きます)。 이야기하면서 공원을 산책합니다.

② (道を 歩きながら) (写真を とります)。 길을 걸으면서 사진을 찍습니다.

연습 문제

1 ① B 自転車や バイクが 多くて あぶないです。 자전거나 오토바이가 많아서 위험합니다.

② B 木や こかげが 多くて 涼しいです。 나무나 그늘이 많아서 시원합니다.

③ B 車や ビルが 多くて にぎやかです。 자동차나 빌딩이 많아서 번화합니다.

2 ① A 歌を 歌いながら 雪道を 歩きましょう。 노래를 부르면서 눈길을 걸읍시다.

② A ポップコーンを 食べながら 映画を 見ましょう。 팝콘을 먹으면서 영화를 봅시다.

③ A 話しながら コーヒーを 飲みましょう。 이야기하면서 커피를 마십시다.

UNIT 14 旅行計画 여행 계획

표현 연습

01 ① (2泊3日)で (北海道)に 行きます。 2박 3일로 홋카이도에 갑니다.

② (4泊5日)で (東京)に 行きます。 4박 5일로 도쿄에 갑니다.

02 ① (忙しい)から (旅行)は 無理だと 思います。 바빠서 여행은 무리라고 생각합니다.

② (時間が ない)から (ショッピング)は 無理だと 思います。 시간이 없으니까 쇼핑은 무리라고 생각합니다.

연습 문제

1 ① B ２泊３日で 温泉に 行ってきます。 2박 3일로 온천에 다녀올 겁니다.

② B ３泊４日で 沖縄に 行ってきます。 3박 4일로 오키나와에 다녀올 겁니다.

③ B ４泊５日で 韓国に 行ってきます。 4박 5일로 한국에 다녀올 겁니다.

2 ① B もみじが きれいだから 山に 行きましょう。 단풍이 예쁘니까 산에 갑시다.

② B 温泉が いいから この 旅館に 泊まりましょう。 온천이 좋으니까 이 여관에 묵읍시다.

③ B 寒いから ラーメンを 食べましょう。 추우니까 라면을 먹읍시다.

UNIT 15 お弁当 도시락

표현 연습

01 ① おすすめの (ケータイ)が ありますか。 추천하는 휴대폰이 있습니까?

② おすすめの (お茶)が ありますか。 추천하는 차가 있습니까?

02 ① (キャラ弁)に します。 캐릭터 도시락으로 하겠습니다.

② (駅弁)に します。 에키벤으로 하겠습니다.

연습 문제

1 ① B 店長の おすすめは ハンバーグ弁当です。 점장의 추천은 햄버그 도시락입니다.

② B 口コミの おすすめは トンカツ弁当です。 입소문 추천은 돈가스 도시락입니다.

③ B 同僚の おすすめは のり弁です。 동료의 추천은 김 도시락입니다.

2 ① B シャケ弁^{べん}に します。 연어 도시락으로 하겠습니다.

② B サンドウィッチに します。 샌드위치로 하겠습니다.

③ B のり巻^まきに します。 김밥으로 하겠습니다.

UNIT **16** 空港^{くうこう} 공항

01 ① 席^{せき}は (トイレの 近^{ちか}く)が いいですね。 좌석은 화장실 근처가 좋겠어요.
② 席^{せき}は (前^{まえ}の 方^{ほう})が いいですね。 좌석은 앞쪽이 좋겠어요.

02 ① (お酒^{さけ}は 免税店^{めんぜいてん}に ある)かも しれません。 술은 면세점에 있을지도 모릅니다.

② (これは ユリさんの スーツケース)かも しれません。 이것은 유리 씨의 여행 가방일지도 모릅니다.

연습 문제

1 ① A 出発時間^{しゅっぱつじかん}は いつが いいですか。 출발 시간은 언제가 좋습니까?
B 早^{はや}い 時間^{じかん}が いいです。 빠른 시간이 좋겠습니다.

② A 機内食^{きないしょく}は 何^{なに}が いいですか。 기내식은 무엇이 좋습니까?
B 和食^{わしょく}が いいです。 화식(일본 음식)이 좋겠습니다.

③ A 空港^{くうこう}までは 何^{なに}で 行^いきますか。 공항까지는 무엇으로 갑니까?

B リムジンバスが いいです。 리무진 버스가 좋겠습니다.

2 ① B 飛行機^{ひこうき}の 出発^{しゅっぱつ}が 遅^{おく}れるかも しれません。 비행기 출발이 늦어질지도 모릅니다.
② B 免税店^{めんぜいてん}にも 人^{ひと}が 多^{おお}いかも しれません。 면세점에도 사람이 많을지도 모릅니다.

③ B トイレに 行^いく 時間^{じかん}が ないかも しれません。 화장실에 갈 시간이 없을지도 모릅니다.

ホテルの 予約 호텔 예약
_{よ やく}

01 ① (案内)いたしました。안내했습니다.
_{あんない}

② (予約)いたしました。예약했습니다.
_{よ やく}

02 ① (道を 教えて) いただけませんか。길을 가르쳐 주시지 않겠습니까?
_{みち} _{おし}

② (ゆっくり 話して) いただけませんか。천천히 말해 주시지 않겠습니까?
_{はな}

연습 문제

1 ① A 確認メールを チェックいたしました。확인 메일을 체크했습니다.
_{かくにん}

② A ホテルを 予約いたしました。호텔을 예약했습니다.
_{よ やく}

③ A 朝食つきを とりけしいたしました。조식 포함을 취소했습니다.
_{ちょうしょく}

2 ① A 予約を 確認して いただけませんか。예약을 확인해 주시지 않겠습니까?
_{よ やく} _{かくにん}

② A 朝食の 時間を 教えて いただけませんか。조식 시간을 가르쳐 주시지 않겠습니까?
_{ちょうしょく} _{じ かん} _{おし}

③ A 部屋を 替えて いただけませんか。방을 바꿔 주시지 않겠습니까?
_{へ や} _か

UNIT 18 **道案内** 길 안내
_{みち あん ない}

01 ① (右に 曲がる)と (駅)が あります。오른쪽으로 돌면 역이 있습니다.
_{みぎ} _ま _{えき}

② (この 道を 過ぎる)と (デパート)が あります。이 길을 지나면 백화점이 있습니다.
_{みち} _す

02 ① あの (横断歩道)なんですね。 저 횡단보도 말이군요.

② あの (学校の 前)なんですね。 저 학교 앞 말이군요.

연습 문제

1　① A 右に 曲がると 本屋が 見えます。 오른쪽으로 돌면 서점이 보입니다.

　　② A 横断歩道を わたると 居酒屋が あります。 횡단보도를 건너면 선술집이 있습니다.

　　③ A この 道を 過ぎると 駅が 見えます。 이 길을 지나면 역이 보입니다.

2　① B あそこの 横断歩道を わたります。 저쪽의 횡단보도를 건넙니다.

　　② B コンビニを 右に 曲がります。 편의점을 오른쪽으로 돕니다.

　　③ B この 道を まっすぐ 行きます。 이 길을 쭉 갑니다.

셋째 마당

더 알아보기

* 한눈에 보는 단어장
* 일본어 칼럼 원문

한눈에 보는 단어장

UNIT 01 あいさつ 인사

- ☐ **お名前** [おなまえ: 오나마에] 이름, 성함
- ☐ **去年** [きょねん: 쿄넹] 작년
- ☐ **来る** [くる: 쿠루] 오다
- ☐ **~号** [ごう: 고-] ~호
- ☐ **こちらこそ** [코찌라꼬소] 저야말로
- ☐ **これから** [코레까라] 이제부터, 앞으로
- ☐ **~さん** [상] ~씨
- ☐ **住む** [すむ: 스무] 살다
- ☐ **食べる** [たべる: 타베루] 먹다
- ☐ **~で** [데] ~에서
- ☐ **でも** [데모] 하지만, 그래도
- ☐ **どうぞ** [도-조] 부디, 아무쪼록
- ☐ **なにとぞ** [나니또조] 부디, 아무쪼록
- ☐ **何** [なん: 난] 무엇(=なに)
- ☐ **日本** [にほん: 니홍] 일본
- ☐ **日本料理** [にほんりょうり: 니혼료-리]
  일본 요리
- ☐ **~は** [와] ~은/는
- ☐ **初めて** [はじめて: 하지메떼] 처음
- ☐ **はじめまして** [하지메마시떼] 처음 뵙겠습니다
- ☐ **申す** [もうす: 모-스] 말하다(言う의 겸양어)
- ☐ **旅行** [りょこう: 료꼬-] 여행
- ☐ **レストラン** [레스또랑] 레스토랑
- ☐ **私** [わたし: 와따시] 저, 나

UNIT 02 趣味 [しゅみ] 취미

- ☐ **新しい** [あたらしい: 아따라시-] 새롭다
- ☐ **暑い** [あつい: 아쯔이] 덥다
- ☐ **甘い** [あまい: 아마이] 달다
- ☐ **甘いもの** [あまいもの: 아마이모노] 단것
- ☐ **編み物** [あみもの: 아미모노]
  뜨개질, 또는 뜨개질한 것
- ☐ **生け花** [いけばな: 이께바나] 꽃꽂이
- ☐ **一緒に** [いっしょに: 잇쇼니] 함께, 같이
- ☐ **エアロビ** [에아로비] 에어로빅
- ☐ **おいしい** [오이시-] 맛있다
- ☐ **お菓子** [おかし: 오까시] 과자
- ☐ **お茶** [おちゃ: 오챠] (마시는) 차
- ☐ **おもしろい** [오모시로이] 재미있다
- ☐ **ガーデニング** [가-데닝구] 가드닝, 원예
- ☐ **通う** [かよう: 카요우] 다니다
- ☐ **簡単だ** [かんたんだ: 칸딴다] 간단하다
- ☐ **嫌いだ** [きらいだ: 키라이다] 싫어하다
- ☐ **きれいだ** [키레-다] 예쁘다
- ☐ **ケーキ** [케-끼] 케이크
- ☐ **最近** [さいきん: 사이낑] 최근, 요즘
- ☐ **茶道** [さどう: 사도-] 다도
- ☐ **趣味** [しゅみ: 슈미] 취미
- ☐ **趣味をする** [しゅみをする: 슈미오스루]
  취미 생활을 하다, 취미를 갖다
- ☐ **スケート** [스께-또] 스케이트
- ☐ **外** [そと: 소또] 바깥

□ 楽しい [たのしい: 타노시-] 즐겁다

□ 作る [つくる: 츠꾸루] 만들다

□ つらい [츠라이] 힘들다, 괴롭다

□ 伝統的だ [でんとうてきだ: 덴또-떼끼다] 전통적이다

□ どうして [도-시떼] 어째서

□ 日本語 [にほんご: 니홍고] 일본어

□ 始める [はじめる: 하지메루] 시작하다

□ 花 [はな: 하나] 꽃

□ ピアノ [피아노] 피아노

□ へえ [헤-] 감동하거나 놀랐을 때 내는 말

□ 勉強 [べんきょう: 벵꾜-] 공부

□ マカロン [마까롱] 마카롱

□ 難しい [むずかしい: 무즈까시-] 어렵다

□ 息子 [むすこ: 무스꼬] 아들

□ やさしい [야사시-] 쉽다, 다정하다

□ 安い [やすい: 야스이] 싸다

□ 山登り [やまのぼり: 야마노보리] 등산

□ 料理教室 [りょうりきょうしつ: 료-리쿄-시쯔] 요리 교실

UNIT 03 プレゼント 선물

□ あたたかい [아따따까이] 따뜻하다

□ あの [아노] 저

□ 編む [あむ: 아무] (직물을) 짜다, 뜨다

□ 絵 [え: 에] 그림

□ お忙しいところ [おいそがしいところ: 오이소가시-토꼬로] 바쁘신 와중

□ 教える [おしえる: 오시에루] 가르치다

□ お誕生日 [おたんじょうび: 오탄죠-비] 생일

□ おめでとうございます [오메데또-고자이마스] 축하합니다

□ 重い [おもい: 오모이] 무겁다

□ 買う [かう: 카우] 사다

□ 書く [かく: 카꾸] 쓰다

□ 描く [かく: 카꾸] 그리다(＝えがく)

□ 彼女 [かのじょ: 카노죠] 그녀, 여자 친구

□ かばん [카방] 가방

□ 昨日 [きのう: 키노-] 어제

□ キムチ [키무찌] 김치

□ くれる [쿠레루] (상대가 나에게) 주다

□ こちら [코찌라] 이쪽

□ この [코노] 이

□ ごゆっくり [고육꾸리] 천천히

□ 招待する [しょうたいする: 쇼-따이스루] 초대하다

□ 親切だ [しんせつだ: 신세쯔다] 친절하다

□ 好きだ [すきだ: 스끼다] 좋아하다

□ 少しですが [すこしですが: 스꼬시데스가] 별 거 아니지만

□ せっけん [섹껭] 비누

□ それ [소레] 그것

□ 高い [たかい: 타까이] 높다, 비싸다

□ とても [토떼모] 무척, 매우

□ 友達 [ともだち: 토모다찌] 친구

□ 人形 [にんぎょう: 닝교-] 인형

□ ぬいぐるみ [누이구루미] 봉제 인형

□ 本 [ほん: 홍] 책

□ マフラー [마후라-] 머플러

□ ゆびわ [유비와] 반지

□ 呼ぶ [よぶ: 요부] 부르다

UNIT 04 提案・約束 제안·약속

□ 会う [あう: 아우] 만나다

□ 朝 [あさ: 아사] 아침

□ あまり [아마리] 그다지, 별로

□ いい [이-] 좋다

□ いかがですか [이까가데스까] 어떻습니까?

□ 行く [いく: 이꾸] 가다

□ 映画 [えいが: 에-가] 영화

□ お寿司 [おすし: 오스시] 초밥

□ お昼 [おひる: 오히루] 낮, 점심(식사)

□ 風邪をひく [かぜをひく: 카제오히꾸]
감기에 걸리다

□ ～から [카라] ~(으)니까, ~때문에

□ 薬を飲む [くすりをのむ: 쿠스리오노무]
약을 먹다

□ 午後 [ごご: 고고] 오후

□ ごはん [고항] 밥, 식사

□ 今度 [こんど: 콘도] 이번, 다음

□ ～時 [じ: 지] ~시

□ 時間 [じかん: 지깡] 시간

□ じゃあ [쟈-] 그러면

□ 週末 [しゅうまつ: 슈-마쯔] 주말

□ 準備する [じゅんびする: 쥼비스루] 준비하다

□ ショッピング [숍삥구] 쇼핑

□ すぐ [스구] 곧, 바로

□ すごく [스고꾸] 매우

□ その [소노] 그

□ 大丈夫だ [だいじょうぶだ: 다이죠-부다]
괜찮다

□ たくさん [타꾸상] 많이

□ タクシー [타꾸시-] 택시

□ ～で [데] ~(으)로

□ 図書館 [としょかん: 토쇼깡] 도서관

□ ～に [니] ~에

□ 寝る [ねる: 네루] 자다

□ ～ので [노데] ~(으)니까, ~때문에

□ 飲む [のむ: 노무] 마시다

□ 乗る [のる: 노루] 타다

□ 早く [はやく: 하야꾸] 빨리

□ 飛行機 [ひこうき: 히꼬-끼] 비행기

□ 必要だ [ひつようだ: 히쯔요-다] 필요하다

□ 病院 [びょういん: 뵤-잉] 병원

□ ～ほう [호-] ~쪽, ~편

□ 水 [みず: 미즈] 물

□ 見る [みる: 미루] 보다

□ ラーメン屋 [らーめんや: 라-멩야] 라면집

□ ランチ [란찌] 런치, 점심(식사)

□ わかりました [와까리마시따] 알겠습니다

□ いいえ [이-에] 아니요

□ いつも [이쯔모] 항상

□ 入れる [いれる: 이레루] 넣다

□ いろいろ [이로이로] 여러 가지

□ ええ [에-] 네

□ お正月 [おしょうがつ: 오쇼-가쯔] 정월

□ おせち料理 [おせちりょうり: 오세찌료-리]
오세치 요리(일본의 설 음식)

□ おやこどん [오야꼬동]
오야코동(일본식 닭고기덮밥)

□ おやつ [오야쯔] 간식

□ かいせき料理 [かいせきりょうり: 카이세끼
료-리] 가이세키 요리(일본의 코스 요리)

□ 辛い [からい: 카라이] 맵다

□ 韓国人 [かんこくじん: 캉꼬꾸징] 한국인

□ 牛肉 [ぎゅうにく: 규-니꾸] 소고기

□ コース料理 [こーすりょうり: 코-스료-리]
코스 요리

□ これ [코레] 이것

□ サラダ [사라다] 샐러드

□ ~しか [시까] ~밖에

□ 食材 [しょくざい: 쇼꾸자이] 식자재, 요리 재료

□ すきやき [스끼야끼] 스키야키(일본식 전골 요리)

□ ダイエット [다이엣또] 다이어트

□ たこやき [타꼬야끼] 다코야키(일본식 문어 풀빵)

□ 食べ物 [たべもの: 타베모노] 음식, 먹을 것

□ たまご [타마고] 달걀

□ 地域 [ちいき: 치이끼] 지역

□ チーズ [치-즈] 치즈

□ 違う [ちがう: 치가우] 다르다, 틀리다

□ ~中 [ちゅう: 츄-] ~중

□ 使う [つかう: 츠까우] 사용하다

□ 特別だ [とくべつだ: 토꾸베쯔다] 특별하다

□ 鶏肉 [とりにく: 토리니꾸] 닭고기

□ 中 [なか: 나까] 안, 속

□ なべ料理 [なべりょうり: 나베료-리] 전골 요리

□ 値段 [ねだん: 네당] 가격

□ のり巻き [のりまき: 노리마끼] 김밥

□ 入る [はいる: 하이루] 들어가다, 들어오다

□ 人 [ひと: 히또] 사람

□ みんな [민나] 모두

□ 夜ごはん [よるごはん: 요루고항] 저녁밥

□ 料理 [りょうり: 료-리] 요리

□ 雨 [あめ: 아메] 비

□ 多い [おおい: 오-이] 많다

□ 傘 [かさ: 카사] 우산

□ 風 [かぜ: 카제] 바람

□ かみなり [카미나리] 천둥

□ 急に [きゅうに: 큐-니] 갑자기

□ 今日 [きょう: 쿄-] 오늘

□ きり [키리] 안개

□ きりが出る [きりがでる: 키리가데루]
　 안개가 끼다

□ きり雨 [きりさめ: 키리사메] 안개비

□ 雲 [くも: 쿠모] 구름

□ 元気 [げんき: 겡끼] 건강, 기운

□ 午前中 [ごぜんちゅう: 고젠쮸-] 오전 중

□ 時期 [じき: 지끼] 시기

□ 全然 [ぜんぜん: 젠젱] 전혀

□ 大変だ [たいへんだ: 타이헨다] 큰일이다, 힘들다

□ つゆ [츠유] 장마

□ 強い [つよい: 츠요이] 강하다

□ 天気 [てんき: 텡끼] 날씨

□ なる [나루] (소리가) 울리다, 나다

□ にわか雨 [にわかあめ: 니와까아메] 소나기

□ ～のに [노니] ~인데도

□ パスポート [파스뽀-또] 여권

□ ひまだ [히마다] 한가하다

□ 吹く [ふく: 후꾸] (바람이) 불다

□ 降る [ふる: 후루] (눈,비 등이) 내리다

□ 暴風雨 [ぼうふうう: 보-후-우] 폭풍우

□ 持つ [もつ: 모쯔] 들다, 가지다

□ やせる [야세루] (살이) 빠지다

□ 止む [やむ: 야무] (눈,비 등이) 그치다

□ 雪 [ゆき: 유끼] 눈

UNIT 07 通勤 [つうきん] 출퇴근

□ 今 [いま: 이마] 지금

□ お客 [おきゃく: 오꺄꾸] 손님

□ 会社 [かいしゃ: 카이샤] 회사

□ 歌手 [かしゅ: 카슈] 가수

□ 観光客 [かんこうきゃく: 캉꼬-꺄꾸] 관광객

□ 韓国 [かんこく: 캉꼬꾸] 한국

□ 漢字 [かんじ: 칸지] 한자

□ 京都 [きょうと: 쿄-또] 교토〈지명〉

□ 車 [くるま: 쿠루마] 자동차

□ 公園 [こうえん: 코-엥] 공원

□ 込む [こむ: 코무] 붐비다

□ 30分 [さんじゅっぷん: 산쥽뿡]
　 30분(=さんじっぷん)

□ 自転車 [じてんしゃ: 지뗀샤] 자전거

□ 市内バス [しないばす: 시나이바스] 시내버스

□ 自分 [じぶん: 지붕] 나, 자신

□ ショッピングセンター [숍삥구쎈따-]
　 쇼핑 센터

□ それで [소레데] 그래서

□ 地下鉄 [ちかてつ: 치까떼쯔] 지하철

□ 通勤 [つうきん: 츠-낑] 통근, 출퇴근

□ 通勤時間 [つうきんじかん: 츠-낑지깡]
통근 시간

□ デパート [데빠-또] 백화점

□ 電車 [でんしゃ: 덴샤] 전차

□ 東京 [とうきょう: 토-꾜-] 도쿄 〈지명〉

□ 道路 [どうろ: 도-로] 도로

□ 乗り換え [のりかえ: 노리까에] 환승

□ 引っ越す [ひっこす: 힉꼬스] 이사하다

□ 前 [まえ: 마에] 앞, 전

□ ~まで [마데] ~까지

□ 短い [みじかい: 미지까이] 짧다

□ 名物 [めいぶつ: 메-부쯔] 명물

□ やっぱり [얍빠리] 역시

□ 有名だ [ゆうめいだ: 유-메-다] 유명하다

□ ~より [요리] ~보다

□ ラーメン [라-멩] 라면

□ 楽だ [らくだ: 라꾸다] 편하다

□ ラッシュアワー [랏슈아와-] 러시아워

UNIT 08 体調 몸상태

□ 頭 [あたま: 아따마] 머리

□ 家 [いえ: 이에] 집

□ 忙しい [いそがしい: 이소가시-] 바쁘다

□ 痛い [いたい: 이따이] 아프다

□ 運動をする [うんどうをする: 운도-오스루]
운동을 하다

□ 遅く [おそく: 오소꾸] 늦게

□ お腹がすく [おなかがすく: 오나까가스꾸]
배가 고프다

□ 音楽 [おんがく: 옹가꾸] 음악

□ 顔色 [かおいろ: 카오이로] 얼굴색

□ 体 [からだ: 카라다] 몸

□ 聞く [きく: 키꾸] 듣다, 묻다

□ 具合が悪い [ぐあいがわるい: 구아이가와루이]
(몸)상태가 좋지 않다

□ 元気がない [げんきがない: 겡끼가나이]
기운이 없다

□ 残業 [ざんぎょう: 장교-] 잔업

□ 出勤する [しゅっきんする: 슉낑스루] 출근하다

□ 出張 [しゅっちょう: 슛쵸-] 출장

□ 少し [すこし: 스꼬시] 조금

□ 頭痛がする [ずつうがする: 즈쯔-가스루]
두통이 나다

□ せき [세끼] 기침

□ 調子 [ちょうし: 쵸-시] 상태

□ 疲れる [つかれる: 츠까레루] 지치다, 피로해지다

□ 出る [でる: 데루] 나가다, 나오다

□ 日曜日 [にちようび: 니찌요-비] 일요일

□ のどがかわく [노도가카와꾸] 목이 마르다

□ はたらく [하따라꾸] 일하다

□ 鼻水 [はなみず: 하나미즈] 콧물

□ ビタミンを飲む [びたみんをのむ: 비따밍오
노무] 비타민을 먹다

□ ふとん [후똥] 이불

□ ほす [호스] (빨래 등) 말리다, 널다

□ **めまいがする**[메마이가스루] 현기증이 나다

□ **休む** [やすむ: 야스무] 쉬다

□ **ゆっくり** [육꾸리] 느긋하게, 푹, 천천히

□ **読む** [よむ: 요무] 읽다

□ **来週** [らいしゅう: 라이슈-] 다음 주

□ **レポート** [레뽀-또] 리포트

□ **悪い** [わるい: 와루이] 나쁘다

UNIT 09 **休暇の 計画** 휴가 계획
　　　　　きゅう か　けい かく

□ **遊ぶ** [あそぶ: 아소부] 놀다

□ **うどん** [우동] 우동

□ **エッフェル塔** [えっふぇるとう: 엣훼루또-]
에펠탑

□ **お菓子作り** [おかしづくり: 오까시즈꾸리]
과자 만들기, 베이킹

□ **温泉** [おんせん: 온셍] 온천

□ **学生時代** [がくせいじだい: 각세-지다이]
학생 시절

□ **気に入る** [きにいる: 키니이루] 마음에 들다

□ **高校** [こうこう: 코-꼬-] 고교, 고등학교

□ **今回** [こんかい: 콩까이] 금회, 이번

□ **今週** [こんしゅう: 콘슈-] 이번 주

□ **サイクリング** [사이꾸링구] 사이클링

□ **7月** [しちがつ: 시찌가쯔] 7월

□ **渋谷** [しぶや: 시부야] 시부야 〈지명〉

□ **誰か** [だれか: 다레까] 누군가

□ **誰も** [だれも: 다레모] 아무도

□ **～時** [とき: 토끼] ~때

□ **どこ** [도꼬] 어디

□ **何か** [なにか: 나니까] 뭔가

□ **習う** [ならう: 나라우] 배우다

□ **日本人** [にほんじん: 니혼징] 일본인

□ **話す** [はなす: 하나스] 이야기하다

□ **美術館** [びじゅつかん: 비쥬쯔깡] 미술관

□ **服** [ふく: 후꾸] 옷

□ **富良野** [ふらの: 후라노] 후라노 〈지명〉

□ **北海道** [ほっかいどう: 혹까이도-]
홋카이도 〈지명〉

□ **ホテル** [호떼루] 호텔

□ **もみじ** [모미지] 단풍, 단풍나무

□ **休み** [やすみ: 야스미] 휴일, 휴가

□ **予定** [よてい: 요떼-] 예정

□ **予約する** [よやくする: 요야꾸스루] 예약하다

□ **ラベンダー畑** [らべんだーばたけ: 라벤다-
바따께] 라벤더밭

□ **連休** [れんきゅう: 렝뀨-] 연휴

UNIT 10 **ネットショッピング** 인터넷 쇼핑

□ **あと** [아또] 그리고, 또

□ **アンチコメント** [안찌코멘또] 안티 코멘트, 악플

□ **いいね** [이-네] 좋아요

□ **選ぶ** [えらぶ: 에라부] 고르다

□ **お気に入り** [おきにいり: 오끼니이리] 마음에 듦

□ **押す** [おす: 오스] 누르다

□ **カート** [카-또] 카트, 손수레

□ **カード** [카-도] 카드

□ **決める** [きめる: 키메루] 결정하다

□ **くつ** [쿠쯔] 구두, 신발

□ **コメント** [코멘또] 코멘트, 댓글

□ **実は** [じつは: 지쯔와] 실은

□ **上手だ** [じょうずだ: 죠-즈다]
　　잘하다, 능숙하다

□ **食事** [しょくじ: 쇼꾸지] 식사

□ **スカート** [스까-또] 스커트, 치마

□ **すみません** [스미마셍] 미안합니다

□ **送料** [そうりょう: 소-료-] 배송료

□ **チェックする** [첵꾸스루] 체크하다

□ **ちょっと** [춋또] 조금

□ **悩む** [なやむ: 나야무] 고민하다, 괴로워하다

□ **何個** [なんこ: 낭꼬] 몇 개

□ **ネット** [넷또] 인터넷(インターネット의 준말)

□ **プレゼント** [푸레젠또] 프레젠트, 선물

□ **無料だ** [むりょうだ: 무료-다] 무료이다

□ **よく** [요꾸] 잘, 자주

□ **レビュー** [레뷰-] 리뷰

UNIT 11 **オンライン講座** 온라인 강좌

□ **受ける** [うける: 우께루]
　　(물건을) 받다, (수업 등을) 받다

□ **歌** [うた: 우따] 노래

□ **英会話** [えいかいわ: 에-까이와] 영어 회화

□ **お金** [おかね: 오까네] 돈

□ **親子** [おやこ: 오야꼬] 부모와 자식

□ **オンライン** [온라잉] 온라인

□ **オンライン講座** [おんらいんこうざ: 온라잉
　　코-자] 온라인 강좌

□ **カルチャーセンター** [카루챠-센따-]
　　컬처센터, 문화센터

□ **経験する** [けいけんする: 케-껜스루] 경험하다

□ **講師** [こうし: 코-시] 강사

□ **早速** [さっそく: 삿쏘꾸] 즉시, 조속히

□ **参加する** [さんかする: 상까스루] 참가하다

□ **時間的** [じかんてき: 지깡떼끼] 시간적

□ **自由だ** [じゆうだ: 지유-다] 자유롭다

□ **授業時間** [じゅぎょうじかん: 쥬교-지깡]
　　수업 시간

□ **受講料** [じゅこうりょう: 쥬꼬-료-] 수강료

□ **調べる** [しらべる: 시라베루] 알아보다, 조사하다

□ **すてきだ** [스떼끼다] 멋지다, 근사하다

□ **説明** [せつめい: 세쯔메-] 설명

□ **それなら** [소레나라] 그렇다면, 그러면

□ **できる** [데끼루] 생기다, 할 수 있다

□ **ない** [나이] 없다

□ **内容** [ないよう: 나이요-] 내용

□ **なっとう** [낫또-] 낫토

□ **人気** [にんき: 닝끼] 인기

□ **ピラティス** [피라티스] 필라테스

□ **負担** [ふたん: 후땅] 부담

□ **プログラム** [푸로구라무] 프로그램

□ **ホームベーカリー** [호-무베-까리-] 홈베이커리

□ **申し込む** [もうしこむ: 모-시꼬무] 신청하다

□ **ヨガ** [요가] 요가

□ **白い** [しろい: 시로이] 하얗다

□ **新幹線** [しんかんせん: 싱깐셍] 신칸센

□ **スーツケース** [스-쯔케-스] 여행 가방

□ **セール** [세-루] 세일

□ **そちら** [소찌라] 그쪽

□ **たしか** [타시까] 아마, 분명

□ **小さい** [ちいさい: 치-사이] 작다

□ **チケット** [치껫또] 티켓, 표

□ **では** [데와] 그러면

□ **パーセント** [파-센또] 퍼센트

□ **パスポートケース** [파스뽀-또케-스] 여권 케이스

□ **ピアニスト** [피아니스또] 피아니스트

□ **~引き** [びき: 비끼] (값을) 깎음

□ **万** [まん: 망] 만

□ **ロングコート** [롱-구코-또] 롱 코트

UNIT **12** **価格を 聞く・答える** 가격 묻고 답하기

□ **青い** [あおい: 아오이] 파랗다

□ **赤い** [あかい: 아까이] 빨갛다

□ **アダプター** [아다뿌따-] 어댑터

□ **いくら** [이꾸라] 얼마

□ **一緒** [いっしょ: 잇쇼] 함께

□ **いらっしゃいませ** [이랏샤이마세] 어서 오세요

□ **~円** [えん: 엥] ~엔

□ **大きい** [おおきい: 오-끼-] 크다

□ **お得だ** [おとくだ: 오또꾸다] 이득이다

□ **機内用かばん** [きないようかばん: 키나이요-카방] 기내용 가방

□ **黒い** [くろい: 쿠로이] 검다

□ **探す** [さがす: 사가스] 찾다

□ **充電器** [じゅうでんき: 쥬-뎅끼] 충전기

UNIT **13** **散歩** 산책

□ **秋** [あき: 아끼] 가을

□ **あぶない** [아부나이] 위험하다

□ **歩く** [あるく: 아루꾸] 걷다

□ **いちょう** [이쬬-] 은행나무

□ **今でも** [いまでも: 이마데모] 지금도

□ **歌う** [うたう: 우따우] 노래 부르다

□ **思い出す** [おもいだす: 오모이다스] 생각해 내다, 떠올리다

□ 思い出 [おもいで: 오모이데] 추억

□ カエル [카에루] 개구리

□ 木 [き: 키] 나무

□ 季節 [きせつ: 키세쯔] 계절

□ 結婚する [けっこんする: 켁꼰스루] 결혼하다

□ 声 [こえ: 코에] (목)소리

□ コーヒー [코-히-] 커피

□ こかげ [코까게] 나무 그늘

□ コスモス [코스모스] 코스모스

□ こと [코또] 일, 것

□ ～ごとに [고또니] ~마다

□ 在庫 [ざいこ: 자이꼬] 재고

□ さくら [사꾸라] 벚꽃, 벚나무

□ 散歩 [さんぽ: 삼뽀] 산책

□ 写真 [しゃしん: 샤싱] 사진

□ 主人 [しゅじん: 슈징] 남편

□ 捨てる [すてる: 스떼루] 버리다

□ セミ [세미] 매미

□ そういえば [소-이에바] 그러고 보니

□ そこ [소꼬] 그곳, 거기

□ それに [소레니] 게다가, 더욱이

□ 大事だ [だいじだ: 다이지다] 소중하다, 중요하다

□ チューリップ [츄-립뿌] 튤립

□ どうも [도-모] 정말, 참

□ とる [토루] 찍다

□ どんな [돈나] 어떤

□ 夏 [なつ: 나쯔] 여름

□ にぎやかだ [니기야까다] 번화하다, 떠들썩하다

□ バイク [바이꾸] 오토바이

□ 春 [はる: 하루] 봄

□ ビル [비루] 빌딩

□ 雰囲気 [ふんいき: 훙이끼] 분위기

□ ポップコーン [폽뿌꼰-] 팝콘

□ 道 [みち: 미찌] 길

□ もの [모노] 것

□ 雪道 [ゆきみち: 유끼미찌] 눈길

UNIT 14 旅行計画 (りょこうけいかく) 여행 계획

□ 阿蘇山 [あそさん: 아소상]
아소산(구마모토현에 있는 활화산)

□ 駅 [えき: 에끼] 역

□ 大阪 [おおさか: 오-사까] 오사카 〈지명〉

□ 沖縄 [おきなわ: 오끼나와] 오키나와 〈지명〉

□ 鹿児島県 [かごしまけん: 카고시마껭]
가고시마현 〈지명〉

□ ～から [카라] ~부터

□ 九州 [きゅうしゅう: 큐-슈-] 규슈 〈지명〉

□ グルメ [구루메] 맛있는 음식, 미식가

□ コース [코-스] 코스

□ 寒い [さむい: 사무이] 춥다

□ 自然 [しぜん: 시젱] 자연

□ スカイライン [스까이라잉] 스카이라인

☐ **スタートする** [스따-또스루] 시작하다

☐ **楽しむ** [たのしむ: 타노시무] 즐기다

☐ **遠い** [とおい: 토-이] 멀다

☐ **通る** [とおる: 토-루] 지나다, 통과하다

☐ **泊まる** [とまる: 토마루] 묵다, 숙박하다

☐ **ドライブ** [도라이부] 드라이브

☐ **夏休み** [なつやすみ: 나쯔야스미]
여름 방학, 여름 휴가

☐ **ハウステンボス** [하우스템보스]
하우스텐보스(나가사키현의 관광 명소)

☐ **福岡** [ふくおか: 후꾸오까] 후쿠오카 〈지명〉

☐ **方向** [ほうこう: 호-꼬-] 방향

☐ **他** [ほか: 호까] 다른 것

☐ **まず** [마즈] 먼저, 우선

☐ **無理だ** [むりだ: 무리다] 무리이다

☐ **~目** [め: 메] ~째

☐ **山** [やま: 야마] 산

☐ **湯布院** [ゆふいん: 유후잉] 유후인 〈지명〉

☐ **余裕** [よゆう: 요유-] 여유

☐ **旅館** [りょかん: 료깡] 여관(일본 전통 숙박 시설)

UNIT 15 **お弁当** 도시락
(べん とう)

☐ **駅弁** [えきべん: 에끼벵]
에키벤(철도역에서 여객을 대상으로 판매하는 도시락)

☐ **大盛り** [おおもり: 오-모리] 수북이 담음, 대자

☐ **おすすめ** [오스스메] 추천, 권유

☐ **お弁当** [おべんとう: 오벤또-] 도시락

☐ **からあげ** [카라아게] 튀김(튀김옷을 입히지 않고 튀긴 음식)

☐ **からあげ弁当** [からあげべんとう: 카라아게 벤또-] 튀김 도시락

☐ **キャラ弁** [きゃらべん: 캬라벵] 캐릭터 도시락

☐ **口コミ** [くちこみ: 쿠찌꼬미] 평판, 입소문

☐ **ケータイ** [케-따이] 휴대폰

☐ **サンドウィッチ** [산도윗찌]
샌드위치(=サンドイッチ)

☐ **シャケ弁** [しゃけべん: 샤께벵] 연어 도시락

☐ **十分だ** [じゅうぶんだ: 쥬-분다] 충분하다

☐ **先輩** [せんぱい: 셈빠이] 선배

☐ **全部** [ぜんぶ: 젬부] 전부, 모두

☐ **注文する** [ちゅうもんする: 쥬-몬스루] 주문하다

☐ **出前** [でまえ: 데마에] 배달

☐ **店長** [てんちょう: 텐쬬-] 점장

☐ **同僚** [どうりょう: 도-료-] 동료

☐ **トンカツ弁当** [とんかつべんとう: 통까쯔벤 또-] 돈가스 도시락

☐ **残す** [のこす: 노꼬스] 남기다

☐ **のり弁** [のりべん: 노리벵] 김 도시락

☐ **ハンバーグ弁当** [はんばーぐべんとう: 함 바-구벤또-] 햄버그 도시락

☐ **半分** [はんぶん: 함붕] 반

☐ **普通** [ふつう: 후쯔-] 보통

☐ **店** [みせ: 미세] 가게

□ もったいない [못따이나이] 아깝다

□ 焼肉弁当 [やきにくべんとう: 야끼니꾸벤또-]
구운 고기 도시락

□ リムジンバス [리무진바스] 리무진 버스

□ 和食 [わしょく: 와쇼꾸] 화식(일본 음식)

UNIT 16 空港(くうこう) 공항

□ いつ [이쯔] 언제

□ 後ろ [うしろ: 우시로] 뒤, 뒤쪽

□ 遅れる [おくれる: 오꾸레루] 늦다, 더디다

□ お酒 [おさけ: 오사께] 술

□ かかる [카까루] (시간이) 걸리다, (비용이) 들다

□ 機内食 [きないしょく: 키나이쇼꾸] 기내식

□ 空港 [くうこう: 쿠-꼬-] 공항

□ 出発 [しゅっぱつ: 슙빠쯔] 출발

□ 出発時間 [しゅっぱつじかん: 슙빠쯔지깡]
출발 시간

□ 席 [せき: 세끼] 자리, 좌석

□ チェックイン [쳌꾸잉] 체크인

□ 近い [ちかい: 치까이] 가깝다

□ 近く [ちかく: 치까꾸] 근처

□ 通路側 [つうろがわ: 츠-로가와] 통로 쪽

□ トイレ [토이레] 화장실

□ 搭乗ゲート [とうじょうげーと: 토-죠-게-또]
탑승 게이트

□ 窓側 [まどがわ: 마도가와] 창가, 창 쪽

□ 免税店 [めんぜいてん: 멘제-뗀] 면세점

UNIT 17 ホテルの 予約(よやく) 호텔 예약

□ 預かる [あずかる: 아즈까루] 맡다

□ 案内 [あんない: 안나이] 안내

□ いたす [이따스] 하다(する의 겸양어)

□ 替える [かえる: 카에루] 바꾸다, 교환하다

□ 確認 [かくにん: 카꾸닝] 확인

□ 確認メール [かくにんめーる: 카꾸닝메-루]
확인 메일

□ かしこまりました [카시꼬마리마시때] 알겠습니다

□ 少々 [しょうしょう: 쇼-쇼-] 잠시, 조금

□ 座る [すわる: 스와루] 앉다

□ 朝食 [ちょうしょく: 쵸-쇼꾸] 조식

□ ～つき [츠끼] ~포함, ~딸림

□ とりけし [토리께시] 취소

□ 荷物 [にもつ: 니모쯔] 짐, 화물

□ 二つ [ふたつ: 후따쯔] 두 개

□ 部屋 [へや: 헤야] 방

□ ～名様 [めいさま: 메-사마] ~분('~명'을 높여 부
르는 말)

□ 予約 [よやく: 요야꾸] 예약

道案内 길 안내
<ruby>道<rt>みち</rt></ruby><ruby>案<rt>あん</rt></ruby><ruby>内<rt>ない</rt></ruby>

- □ **あそこ** [아소꼬] 저기, 저쪽

- □ **居酒屋** [いざかや: 이자까야] 선술집

- □ **横断歩道** [おうだんほどう: 오-당호도-]
  횡단보도

- □ **学校** [がっこう: 각꼬-] 학교

- □ **カフェ** [카훼] 카페

- □ **銀行** [ぎんこう: 깅꼬-] 은행

- □ **交差点** [こうさてん: 코-사뗑] 교차로

- □ **コンビニ** [콤비니]
  편의점(**コンビニエンスストア**의 준말)

- □ **過ぎる** [すぎる: 스기루] 지나다, 통과하다

- □ **そのまま** [소노마마] 그대로

- □ **西口** [にしぐち: 니시구찌] 서쪽 출구

- □ **バス停** [ばすてい: 바스떼-] 버스 정류장

- □ **左** [ひだり: 히다리] 왼쪽

- □ **本屋** [ほんや: 홍야] 서점

- □ **曲がる** [まがる: 마가루] 돌다, 방향을 바꾸다

- □ **まっすぐ** [맛스구] 쭉, 곧장

- □ **見える** [みえる: 미에루] 보이다

- □ **右** [みぎ: 미기] 오른쪽

- □ **メートル** [메-또루] 미터

- □ **わたる** [와따루] 건너다

일본어 칼럼 원문

UNIT 01 人と 会った 時 49P

108

　日本人は、話の 始まりに 天気に ついて 触れる 傾向が あるようです。その 理由は、日本は 四季ごとの 特徴が 明確で、情緒的に 働きかける 影響も 大きい ことから 来ます。天気の 挨拶を ご紹介します。

「今日は いい 天気ですね。」

「朝晩 寒く なりましたね。」

「(つゆの 時期に) 毎日、雨が 続きますね。」

UNIT 02 日本的な 趣味 57P

109

　外国人が 憧れる 日本的な 趣味と 言えば、「茶道」「華道(花道)」が あげられます。これらが 庶民の 間に 普及されるように なったのは 明治維新以降からです。明治維新を 機に、城の 中で 将軍に 仕えて いた 女中たちは 城から 出る ことに なり 職を 失いました。そこで、上級女中たちは 教養として 身に ついて いた「茶道」「華道」を 人々に 教え始めました。このように して、多くの 人に 親しまれるように なり 今に 至るまで 残っているのです。

UNIT 03 贈り物 65P

110

　日本には、一年に 2回、年中行事として 贈り物を する 日が あります。「お中元」「お歳暮」です。「お中元」を 送る 時期は 7月半ばから 末に かけてで、「年の はじめから 半年間 お世話に なりました」と いう 感謝の 気持ちや「暑い 夏に お体 大丈夫ですか」と いう 心遣いの 意味が 込められて います。一方「お歳暮」は 12月に 送り、「今年も お世話に なりました」と いう 感謝の 意を 表します。

　仕事関係で 会社を 訪ねる 時、到着時間は、「アポイント時間 ぴったりに」、それとも 10分 ぐらい 前に「少し 早めに」、どちらが いいのでしょうか。答えは、「時間 ぴったり」です。相手は、アポイント時間に 合わせて 予定を 立てて 仕事を 進めて いるため、約束の 相手が 早めに 到着したからと いって すぐ 出て 来られません。そのため、待たせて しまった ことに 申し訳なさを 感じさせて しまいます。遅れないように 早めに 出発して 到着して いたとしても、到着の お知らせは 時間ぴったりに するのが ビジネスマナーです。

　季節折々の 行事の 食事には、その 時期の 旬や 日本的情緒を 深く 感じ取る ことが できるものです。代表的な 年中の 行事食を ご紹介します。

1月: おせち

2月: 福豆

3月: ちらし寿司

4月: 花見団子

5月: 柏餅

7月: うなぎの蒲焼

9月: おはぎ

10月: 月見団子

12月: 年越しそば

てるてる坊主とは、翌日の晴れを願い、窓際や軒先に吊るす人形のことです。運動会や遠足のようなイベントなど次の日に絶対に雨が降ってほしくないときに作ります。また、逆に雨を願うときは逆さに吊るします。白い布やティッシュで簡単に作れるので、親子で作りながら次の日を楽しみにします。かわいくて単純な姿から、キャラクターに用いられることも多いです。

日本の電車は時間が正確であることから、通勤通学などでの利用も含めて高い信頼性があります。東海道新幹線の年平均遅延時間は２４秒です。また、地下鉄が３０秒早く出発したとしてクレームが入ったり、数十秒早く出発したことに対して謝罪文を発表したことが過去にありました。電車が遅れて謝罪することはあっても、早く出発して謝罪することは世界的に見てもあまりないでしょう。

パワーナップとは、12時から15時の間にする15分から30分の昼寝のことです。これには、「集中力の向上」「ストレス軽減」「記憶力向上」などの効果があります。これを利用し、昼休みや午後の休憩時間に社員たちが仮眠できる空間を設けて作業効率アップを図っている会社もあります。パワーナップのコツは、横にならないこと、寝すぎないことです。現代社会では疲労はつきものです。それなら、うまく付き合い自分に合ったリラックス習慣を見つけていくことが大切でしょう。

日本で 国が 定める 基本的祝日は 年間16日 あります。子供の日(5月5日)のように 毎年固定日に なって いる ものと、成人の日(1月 第2 月曜日)のように 特定週の 月曜日に なる ものが あります。後者は ハッピーマンデー制度と 言って、従来の 固定日を 特定週の 月曜日に なる ように 法改正を しました。その 趣旨は、週休二日制の 浸透に より、月曜日も 国民の 祝日に する ことで 3連休とし、余暇を 過ごして もらおうと する ものです。祝日には それ 以外に 振替休日が 定められて います。その 条件は、「国民の 祝日」が 日曜日に 当たる とき、「その 日の 後の 最も 近い 平日を 休日と する」と いう ものです。

日本の 通信販売は、1876年に 農学者の 津田仙が『農業雑誌』で 植物の 種子を 販売したのが 始まりです。1871年に 国営の 郵便制度の 発足が きっかけに なった ようです。 その後、デパートでも 通信販売が される ように なりました。情報の 媒体が 変わるに つれ テレショッピング、テレビショッピング、ネットショッピングへと 広がって 今に 至りました。最近は 海外商品までも ネットショッピングで 買える ように なったのは、日本も 韓国も 同じようです。

雇用体制や 女性の 社会進出、高齢化社会のような 社会の 変化に つれて、「キャリアデザイン」「学び直し」と いう 言葉が 多く 聞かれる ように なりました。
「キャリアデザイン」とは、自分自身が 将来 どのような 仕事・生き方を したいのか、

ビジョンを明確にしたうえで行動に移すことです。「学び直し」とは、学校を卒業して就職し、社会人になって一通り仕事を身に付けてから、改めて仕事に関する新しい専門知識やスキルを勉強することです。その方法は、大学や大学院に通う、オンライン講座、セミナーへの参加など多様です。

UNIT 12　ウォークスルー(walk throgh) 無人レジ　137P　119

　日本では韓国と同じように、無人レジが増えています。ウォークスルー無人レジとは、レジを通らずに支払いができるシステムです。予めアプリケーションに個人情報と支払い方法を登録しておき、入店時にQRコードで個人を認証します。店の中にはAIカメラとセンサーが設置されています。客が商品を棚から取ったり、戻したりする動作が全て認識され、それに基づいて自動で支払いが行われるので、商品を選び終わったら、そのまま店を出ればいいようになっています。

UNIT 13　なぜ街路樹にイチョウが多いのか。　145P　120

　日本の街路樹の中で最も多いのはイチョウの木です。その理由は、イチョウが「火に強い木」だからです。他の木に比べ、葉が厚く、幹に水分も多く木全体が火に燃えにくいため、火事に強いのです。１９２３年に発生した関東大震災では、実際にイチョウが延焼を防いだ事例が多く見られました。その後から、防災を兼ねて積極的にイチョウが街路樹に用いられるようになりました。
　東京都千代田区には、関東大震災で焼失を免れ生き抜いた樹齢150年になるイチョウの木が今でもあります。

ワーケーション 153P **121**

ワーケーションとは ワーク(work)と バケーション(vacation)を 合わせて 造った 言葉です。その名の 通り、旅行先、帰省先、リゾート地などで 余暇を 過ごしながら 仕事も する ことです。2017年ごろから 出始め、その頃は まだ 認知度が 低かったのですが、2020年の コロナの 流行を きっかけに、リモートでの 勤務体制が 広がる ことで一気に 普及しました。東京都心から 近い 鎌倉や 伊豆なども 人気の 地域です。

駅弁 161P **122**

駅弁とは、駅で 売られて いる 弁当の ことです。電車で 地方に 行くと、駅弁に その地域の 特産物を 利用した 食材が 用いられて いて、旅の 楽しみを 生み出す 特別な アイテムに なります。例えば、「イクラ(サケの卵)弁当)」、「マス寿司弁当」、「シュウマイ弁当」などです。中には、100年以上の 伝統を 持った ものも あります。最近では、わざわざその地域に 行かなくても、オンラインで 取り寄せる ことが できる ように なりました。

空港 ランキング 169P **123**

羽田空港は、「世界で 素晴らしい 空港 ランキング※」TOP 5 内に 選ばれ続けて いる空港です。評価された 点は、ターミナル間の 連結の 良さ、エアポートコンシェルジュ(専門案内員)の 専門性の 高さなど 様々ですが、中でも 空港内の クリーンさは 世界一位として 評価されて います。

また、日本に ある 97か所の 空港の うち、日本人には 名古屋の「中部国際空港」、沖縄の「那覇空港」、九州の「福岡空港」などが、空港内の ショー、屋外の 景観のため、特に 人気が ある ようです。

※調査元：スカイトラックス社(空港格付け会社)

UNIT 17 「変な ホテル」 177P

124

　2015年 7月、長崎の ハウステンボスに 開業した「変な ホテル」。ロボットが 接客を する 世界初の ホテルとして 一躍 有名に なりました。「変な ホテル」とは「おかしい ホテル」と いう 意味では なく、「変わり続けるホテル」と いう 意味で 名づけられたそうです。8年の 間に 日本全国で 16か所に なりました。どこも ロボットが 接客しますが、場所に よって コンセプトが 違います。中には、恐竜の ホテリエが いる 所も あります。

UNIT 18 自動走行シャトルバス 185P

125

　道案内を して くれる アプリケーションは 今や 一般的に なりました。さらに、自動走行技術が 全世界的に 開発され続け、車で 移動する 時の ナビゲーションの 役割が 将来的には 低く なろうと しています。すでに、2022年 5月には 日本初の 自動運転シャトルバスの 実証運行が 、千葉県内の ある 団地で 行われました。その後、自動運転バスは 各地で 実用的に 利用され始めて います。

MEMO

MEMO

MEMO